W0175916

Ulrich Wickert

Medien: Macht & Verantwortung

Hoffmann und Campe

Die Essays entstanden auf der Grundlage einer Vorlesungsreihe,
die Ulrich Wickert im Frühjahr 2016 als Heinrich-Heine-Gastprofessor
an der Universität Düsseldorf hielt.

1. Auflage 2016
Copyright © 2016 by
Hoffmann und Campe Verlag, Hamburg
www.hoca.de
Einbandgestaltung: Sarah M. Hensmann
© Hoffmann und Campe
Satz: Dörlemann Satz, Lemförde
Gesetzt aus der Albertina MT Std
Druck und Bindung: CPI books GmbH, Leck
ISBN 978-3-455-50404-0

HOFFMANN
UND CAMPE

Ein Unternehmen der
GANSKE VERLAGSGRUPPE

Inhalt

Freiheit und Journalismus

Von Beruf bin ich Handwerker.

Deshalb habe ich manchmal Schwierigkeiten mit der Wissenschaft, weil sie andere Worte benutzt als ich. Ja, ich bin immer wieder bass erstaunt, wenn es Wissenschaftlern gelingt, die Arbeit, die wir Handwerker machen, in Theorie zu übertragen.

Als ich noch die *Tagesthemen* moderierte, war die eine oder andere Moderation ironisch gefärbt. Das veranlasste einen angehenden Wissenschaftler an der Hamburger Universität, eine Arbeit über »Ironisches Sprechen in Fernsehmoderationen am Beispiel der *Tagesthemen*« zu verfassen. Dort heißt es:

»Im Rahmen dieser Untersuchung ist interessant, wo genau durch eine ironische Interpretation die Dissoziation entsteht. Wird also durch ein wertendes Lexem auf ein Objekt der außersprachlichen Wirklichkeit referiert, und bleibt die Referenz durch die ironische Interpretation unberührt, ist die durch das referierende Lexem ausgedrückte Prädikation betroffen. Es wird ein Kontrast in der Prädikation notiert.«

Wenn ich wüsste, was das bedeutet, wäre ich wahrscheinlich unfähig, je wieder einen ironischen Satz zu schreiben. Als Handwerker weiß ich mit Ironie umzugehen, aber die wissenschaftliche Analyse lässt mich ratlos zurück.

Nun verlangt jedes Handwerk nach Regeln, so auch der Journalismus. Und eine gute Regel darf idealistisch sein, ja sogar einen absoluten Anspruch einnehmen. Weshalb sollten wir, die wir in einer Demokratie mit im Grundgesetz gewährter Pressefreiheit leben, uns nicht auf die Aufklärung berufen? Besser noch auf Immanuel Kant, der die Frage, was Aufklärung ist, so beantwortete:

»Aufklärung ist der Ausgang des Menschen aus seiner selbst verschuldeten Unmündigkeit.« Und Unmündigkeit definiert er als »das Unvermögen, sich seines Verstandes ohne Leitung eines anderen zu bedienen. Selbst verschuldet ist diese Unmündigkeit, wenn die Ursache derselben nicht am Mangel des Verstandes, sondern der Entschließung und des Mutes liegt, sich seiner ohne Leitung eines anderen zu bedienen«.

So manch ein Staatsbürger wird feststellen, dass die selbst verschuldete Unmündigkeit bei uns weitverbreitet ist, und deshalb mit Kant rufen: »Habe Mut, dich deines eigenen Verstandes zu bedienen!«

So lautet der Wahlspruch der Aufklärung, und dem sollte der Journalismus dienen.

Wenn ich mir die deutsche Medienlandschaft unvoreingenommen anschaue, stelle ich zunächst einmal fest: In Deutschland arbeiten zahlreiche Journalisten, die sich zu den qualifiziertesten in der Welt rechnen dürfen, ob in der gedruckten Presse, in Hörfunk oder Fernsehen. Sie veröffentlichen in Tageszeitungen, seien es überregionale wie die *Süddeutsche* oder die *Frankfurter Allgemeine Zeitung*, regionale oder lokale Blätter wie der Berliner *Tagesspiegel*, das *Hamburger Abendblatt*, der *Kölner Stadtanzeiger* oder die Heidelberger *Rhein-Neckar-Zeitung* und viele andere. Sie sind im Deutschlandradio zu hören, in *Tagesschau* oder *Tagesthemen*, in *Monitor* oder *Frontal 21* zu sehen und in vielen Informationssendungen der öffentlich-rechtlichen Programme. Kaum ein anderes Land der Welt verfügt über solch eine Bandbreite an hervorragenden Medien. Aus Erfahrung kann ich sagen, das Fernsehen in den USA oder die Zeitungslandschaft in Großbritannien oder Frankreich lässt sich im Großen und Ganzen nicht mit der Qualität der besten deutschen Medien messen.

Dennoch fürchte ich, dass der Text von Immanuel Kant, selbst wenn er weit älter als zweihundert Jahre ist, immer noch von allzu vielen nicht beherzigt wird. Die Wirklichkeit entspricht dem Ideal längst noch nicht.

Hätten sonst einfältige Populisten wie Donald Trump oder Marine Le Pen oder Gruppierungen wie AfD oder Pegida solchen Zulauf?

Dass dies so sein würde, hat der Menschenkenner Kant allerdings vorhergesehen. Und er stellte fest: »Faulheit und Feigheit sind die Ursachen, warum ein so großer Teil der Menschen [...] dennoch gern zeitlebens unmündig bleiben.«

Der Handwerker hat also nicht nur eine Regel zur Hand, sondern auch eine Aufgabe.

An dieser Stelle melden sich auch schon lautstark die Kritiker: Wer wird denn jetzt noch den Vater des Kategorischen Imperativs als Maßstab für Journalismus heranziehen! Aufklärung ist doch die Lebenslüge des deutschen Journalismus.

Gemach! Wer auf die Pauke haut, weiß, dass er viel Lärm erzeugt. Aber es ist eben doch häufig nur viel Lärm um nichts.

Wenn ich Aufklärung als Maßstab für Journalismus bezeichne, dann ist dies meine ganz persönliche Ansicht. Und für die Kritiker möchte ich präzisieren: Es ist richtig, und darüber wird noch zu sprechen sein, dass Maßstäbe nur Vorgaben sind, an die sich viele nicht halten. Das bedeutet jedoch nicht, dass die Maßstäbe falsch sind.

Wer Journalismus lernt, sollte die Regeln kennen, wie das Handwerk gut ausgeübt werden kann. Ich betone: *gut!* So lautet die Qualifikation, nach der jeder Handelnde, in welchem Handwerk auch immer, streben sollte.

Also bleibe ich bei der Forderung, Aufklärung als Maßstab für Journalismus zu begreifen.

Und zu dieser Aufklärung – so Kant – »wird nichts erfordert als Freiheit; und zwar die unschädlichste unter allem, was nur Freiheit heißen mag, nämlich die: von seiner Vernunft in allen Stücken öffentlichen Gebrauch zu machen«.

Über diese »Urfreiheit«, die dem Handwerker die Freiheit gibt, seiner Arbeit nachzugehen, sollten wir nachdenken. Sprechen wir aber auch von der Macht, die dem Handwerk aus dieser Freiheit erwächst, und welch hohe Verantwortung Freiheit und Macht dem Journalisten aufbürden.

Was bedeutet diese Freiheit, die Kant anspricht? Unter welchen Bedingungen kann der Journalist von seiner Vernunft in allen Bereichen öffentlichen Gebrauch machen? Auch der Handwerker sollte sich zunächst der reinen Theorie widmen, um sie anschließend mit der Wirklichkeit zu konfrontieren.

Der Philosoph Otfried Höffe gibt seinem Buch »Kritik der Freiheit« den Untertitel: Das Grundproblem der Moderne.

»Die Freiheit ist das höchste Gut des Menschen«, schreibt Höffe, »sie macht seine Würde aus.«

Freiheit ist als »Prinzip der Moderne« ein Grundbegriff der Ethik. Daraus leiten wir den Anspruch der Verantwortung her. Und die wiederum gehört ebenfalls zu den Grundprinzipien des Journalismus.

Freiheit wird häufig definiert als Voraussetzung für die Fähigkeit des Menschen, aus eigenem Willen Entscheidungen zu treffen.

Allerdings lässt sich Freiheit leichter über ihre Begrenzungen definieren, als darüber, was denn ihr Wesen ausmacht.

Denken wir über Freiheit und Journalismus nach

Im Anfang war das Wort, so steht es geschrieben, und selbst wenn es anders gemeint ist, als ich es jetzt interpretiere: Im Anfang war nicht das Wort, sondern vor dem Wort war das Denken. Deshalb bleibt mir bis heute der Satz unvergessen, den wir in der Schule lernen mussten:

»Geben Sie Gedankenfreiheit!«

So lautet in Friedrich Schillers »Don Carlos« die Bitte des Marquis von Posa, als der spanische König Philipp II. ihm einen Wunsch freistellt.

In der Person des Marquis von Posa sieht Schiller einen Vertreter der Aufklärung. Und dieser Satz: »Geben Sie Gedankenfreiheit!« hat seine Kraft nie verloren.

Als Schillers Stück 1937 in Bremen auf die Bühne kam, hundertfünfzig Jahre nach seiner Uraufführung in Hamburg, brach bei dem Satz des Marquis solch ein Applaus aus, dass die Theaterdirektion von der Polizei gezwungen wurde, den Vorhang herunterzulassen. Dasselbe wiederholte sich in Berlin, wo die Rede des Marquis von Posa ebenfalls donnernden Beifall erzeugte, woraufhin der kommunistische Journalist Franz Leschnitzer im Exil schrieb: »Das deutsche Publikum, vom Feuer der Freiheitssehnsucht Schillers ergriffen, hat laut zu denken begonnen.«

»Man sagte, das sei eine große Demonstration gegen das Dritte Reich gewesen«, äußerte Marcel Reich-Ranicki sich über dieses Phänomen und fügte hinzu, Goebbels und Rainer Schlösser, der oberste Theaterpolitiker, seien klüger gewesen und hätten gefragt: »Was ist denn los? Als der ›Don Carlos‹ uraufgeführt wurde, hat man auch an dieser Stelle geklatscht. Was stört uns das, wenn die Leute immer an dieser Stelle klatschen? Weiterspielen lassen!«

Das Stück wurde noch neununddreißig Mal in Berlin gespielt, und man freute sich darüber. Vielleicht leistete man damit ja doch einen gewissen Widerstand.

In seiner unnachahmlichen Art hat der Literaturkritiker Marcel Reich-Ranicki an Marquis von Posas Wunsch nach Gedankenfreiheit rumgemäkelt: »Warum Schiller das nicht besser formuliert hat, weiß ich bis heute nicht, denn Gedankenfreiheit hat jeder. Darum muss man weder König Philipp noch Adolf Hitler bitten. Was Schiller und Marquis von Posa meinten, ist: ›Geben Sie die Möglichkeit, Gedanken zu äußern, geben Sie uns die Freiheit, Gedanken zu formulieren und zu artikulieren.‹«

Hier irrt der Kritiker. Gedankenfreiheit hat eben nicht jeder. Selbst in modernen Demokratien bestehen Denk-Tabus, deren Wesen darin besteht, dass sie als Schranken des Denkens nicht erkennbar sind. Das ist ja das Besondere an ihnen.

Voraussetzung für Gedankenfreiheit ist Wissen. Wissen auch um die Tabus. Nur dann können sie analysiert und gegebenenfalls aufgehoben werden. Diese Tabus wirken überall, in der Literatur, in der

Politik, selbst in der scheinbar sachlichen Wissenschaft.

Der Atomforscher Edward Teller, einer der Väter der Wasserstoffbombe, wurde 1908 in Budapest geboren. Dort aber war es Juden verboten, die Universität zu besuchen, weshalb er in Deutschland studierte, bei Heisenberg promovierte und wegen seiner jüdischen Abstammung 1934 vor den Nationalsozialisten nach Dänemark floh. Als die Gefahr bestand, dass die Deutschen auch dort einmarschierten, ging er in die USA.

Auf meine Frage, ob dieses ständige Wechseln der Forschungsstätten ihn nicht behindert hätte, antwortete er trocken: »Ganz im Gegenteil. Ich habe Ungarn verlassen und meine von dort stammenden Vorurteile bald abgelegt. In Deutschland war ich lang genug, um Denkhemmungen zu übernehmen. Doch die verlor ich schnell wieder. Und in Dänemark war ich dann zu alt, um noch einmal geistige Beschränkungen zuzulassen.«

Erst auf das Denken, so sage ich,
folgt das Wort

Auf die Forderung nach Gedankenfreiheit folgt die nach Pressefreiheit.

Waren 1848 in Deutschland Revolutionäre bereit, für die Pressefreiheit zu kämpfen, so reicht heute der Begriff Pressefreiheit nicht mehr. Denn in den letzten hundertfünfzig Jahren hat die Welt sich politisch, sozial und technologisch dramatisch verändert.

Die gedruckte Presse wurde Anfang des vergangenen Jahrhunderts ergänzt durch den Hörfunk, dem folgte das Fernsehen. Schon hier dehnten sich die Möglichkeiten, Informationen zu transportieren, ständig aus, weil immer neue Methoden gefunden wurden – erst auf beschränkten Wellen, dann auch im Kabel –, immer mehr Programme zu senden.

Die technologische Revolution hat die Verbreitung von Informationen so vereinfacht und beschleunigt, dass heute vom »Informationszeitalter« gesprochen wird. Seit der Erfindung des Internets ist die Freiheit des Informationsflusses nicht mehr zu bremsen.

Und dennoch: Die Freiheit der Presse ist immer wieder bedroht.

Aber wieso denn, mag da der Zweifler fragen. Im Grundgesetz steht doch in Artikel 5: »Jeder hat das

Recht, seine Meinung in Wort, Schrift und Bild frei zu äußern und zu verbreiten und sich aus allgemein zugänglichen Quellen ungehindert zu unterrichten. Die Pressefreiheit und die Freiheit der Berichterstattung durch Rundfunk und Film werden gewährleistet. Eine Zensur findet nicht statt.«

Eine staatliche Zensur findet tatsächlich nicht statt.

In der Bundesrepublik muss ein Journalist nicht befürchten, wegen seiner Arbeit verfolgt zu werden. Hier ist er so frei wie nur möglich, hier hat auch die Justiz immer wieder gezeigt, dass sie die Pressefreiheit als ein wesentliches Gut bewertet und verteidigt, denken wir nur an das ZDF-Urteil gegen Konrad Adenauer oder an das *Spiegel*-Urteil von 1966, in dem das Bundesverfassungsgericht die Pressefreiheit einforderte.

Politik und Medien

Trotz Pressefreiheit versuchen die Regierenden in der Bundesrepublik oder diejenigen, die gern regieren würden, mit allen Mitteln, die politische Berichterstattung zu beeinflussen. Und da passt man sich den Gegebenheiten der Demokratie an. Keine Zensur, aber eine politisch motivierte Personalpolitik.

Das war schon immer so, mag man heute sagen. Weil Bundeskanzler Konrad Adenauer die ARD zu kritisch – sprich zu links – war, wollte er das ZDF gründen. Das klappte nicht so, wie er sich das vorstellte, aber das ZDF entstand doch aus politischem Willen.

Wie stark sich die Politik in die Personalpolitik einmischt, hat ZDF-Chefredakteur Nikolaus Brender erfahren müssen, weil er Haltung als unabhängiger Journalist zeigte. Wegen dieser Haltung hat der hessische Ministerpräsident Roland Koch, CDU, die Verlängerung von Brenders Vertrag als ZDF-Chefredakteur verhindert.

Eine Haltung zeichnet den Charakter einer Person aus, sie leitet sein Handeln. Bei einem Journalisten wie Nikolaus Brender bedeutet Haltung, dass er sein ganzes Berufsleben für journalistische Qualität und Unabhängigkeit einstand.

Was bedeutet Unabhängigkeit im öffentlich-rechtlichen System? Der Journalist ist nur seinem journalistischen Auftrag verpflichtet. Er geht keine Kumpanei ein – etwa mit Politikern, die Posten besetzen. Er gibt sich keinem Gefälligkeitsjournalismus hin. Er lässt sich von niemandem einvernehmen, schon gar nicht von einer politischen Partei.

So hat es Nikolaus Brender immer gehalten. Als

er in hierarchische Höhen aufstieg, wo Politiker in Rundfunk- oder Verwaltungsräten verlangen, dass Journalisten sich ihren »Freundeskreisen« anschließen, hat er es nicht getan, auf die Gefahr hin, nicht Chefredakteur zu werden.

Haltung zeigt man aber nicht nur einmal und legt sie dann in die Schublade, sondern Haltung bedeutet Auseinandersetzung im täglichen Geschäft. Und da hat Nikolaus Brender immer wieder seine Unabhängigkeit bewiesen. Nur so kann eine kritische Magazinsendung im ZDF wie *Frontal 21* Erfolg haben. Die Redaktion weiß, dass der Chefredakteur steht wie ein Fels, wenn ein einflussreicher Politiker, der auch noch im Fernsehrat sitzt, sich über ein ihm nicht passendes Interview beschwert. Das ist vorgekommen. Brender fragte dann nur, ob juristisch alles in Ordnung sei. War dies der Fall, dann vertraute er seiner Redaktion und lehnte den erbetenen Eingriff ab. Damit machte er seinen Mitarbeitern Mut zu journalistisch unabhängigem Arbeiten.

Haltung bewahren bedeutet für einen Journalisten in hoher Position, Mut zu beweisen und Vorbild zu sein. Haltung ist für das eigene Selbstwertgefühl wichtiger, als Karriere zu machen. Aber es ist wichtig, die

Haltung auch anderen als Maßstab des Handelns zu vermitteln.

Als ich noch bei den *Tagesthemen* arbeitete, fragte mich ein junger Journalist um Rat. Man hatte ihm in seinem Sender, der zum Verbund der ARD gehört, gesagt, er solle in die CDU eintreten, dann könne er Karriere machen. Ich habe ihm abgeraten und empfohlen, durch gutes journalistisches Engagement und nicht durch ein Parteibuch aufzufallen. Er folgte meinem Rat, erhielt schon bald ein Angebot eines anderen ARD-Senders und macht seitdem sichtlich journalistische Karriere. Solch jüngeren Kollegen kann die Haltung von Nikolaus Brender Mut machen.

Von wenig Haltung zeugt, wenn Kollegen sich in der Diskussion um den parteipolitischen Einfluss bei den öffentlich-rechtlichen Sendern zynisch äußern und meinen: Das war doch immer so. Was regt ihr euch auf. Man muss halt sein Lager suchen. Ja, da schäme ich mich.

Doch in der Vergangenheit haben Journalisten und auch Hierarchen immer wieder Haltung gezeigt.

Als Dieter Stolte ZDF-Intendant war, erhielt er eines Tages einen Anruf aus dem Bundeskanzleramt, und Juliane Weber, die Bürochefin von Bundeskanzler Helmut Kohl, sagte ihm, er möge zum »Chef« kommen. Wessen Chef?, fragte Stolte. Na gut, zu ihrem Chef. Stolte fuhr zu Bundeskanzler Helmut Kohl, der ihm erst einmal langwierig einen Apfel zum Essen anbot, viel drumrum redete und ganz zum Ende des Gesprächs sagte: Den Soundso machen Sie jetzt zum Programmdirektor! Stolte lehnte höflich ab. Er habe jemand anderes im Auge. Wen denn? Er nannte den Namen. Kohl: Der kann das nicht. Stolte blieb dabei. Kohl wütend: Auf Ihre Verantwortung. Stolte, so sagt er heute ein wenig ironisch, beging dann einen Fehler. Er erwiderte: Ja, auf meine Verantwortung. Der Bundeskanzler hat den ZDF-Intendanten daraufhin sechs Monate lang öffentlich geschnitten.

Stolte war es, der ganz bewusst Nikolaus Brender zum Chefredakteur des ZDF ernannte. Der Mut, Brenders Vertrag trotz des politischen Drucks zu verlängern, fehlte dann Stoltes Nachfolger als Intendant, Markus Schächter. Als der politische Druck zu groß wurde, ließ er diesen unabhängigen Chefredakteur fallen.

Es war der damalige hessische Ministerpräsident Roland Koch, der den ihm lästigen Chefredakteur des ZDF aus reinem Machtdenken von seinem Posten entfernen wollte. Und es gelang ihm.

Aus Machtdenken ändern Ministerpräsidenten nach einem Machtwechsel immer wieder die Rundfunkgesetze, so im Jahr 2016 die nordrhein-westfälische Regierung. Ich halte das für schandhaft. Auf diese Weise hatte auch Ministerpräsident Roland Koch schon das Gesetz für den Hessischen Rundfunk ändern lassen, damit er dort einen ihm vermeintlich genehmen Intendanten einsetzen konnte. Und über den dortigen Chefredakteur übte er seine Macht aus. Manch ein Journalist wurde für einen Bericht, der nicht gefiel, sogar direkt aus der Staatskanzlei abgemahnt.

Machtdenken spielte also eine Rolle, als Ministerpräsident Koch Nikolaus Brender aus dem Amt des politischen Chefredakteurs verscheuchte, aber war Roland Koch vielleicht nicht nur der Ausführende? Keiner sprach es offen aus, aber hinter vorgehaltener Hand hieß es, Bundeskanzlerin Angela Merkel stecke dahinter. Sie spiele in der Machtpolitik um die Besetzung von Posten in den öffentlich-rechtlichen Sendern eine entscheidende Rolle. Nikolaus Brender wollte sie zuvor schon nicht als Intendanten des WDR. Warum eigentlich? Hatte er in der bis heute unvergessenen Sendung am Wahlabend im September 2005 nicht seine unabhängige journalistische Haltung bewiesen, als er Bundeskanzler Gerhard Schröder vor laufenden Kameras Paroli bot?

Aber weil dieser Haltung Unabhängigkeit als Maßstab des Handelns zugrunde liegt, gefällt sie Machtpolitikern nicht.

Die Pressefreiheit wurde durch die parteipolitische Besetzung des ZDF-Fernsehrates bedroht. Unter den vierzehn Mitgliedern waren zehn amtierende oder ehemalige Politiker. In der Folge klagte das SPD-geführte Land Hamburg vor dem Bundesverfassungsgericht, das diese Zusammensetzung für verfassungswidrig erklärte.

Die politische Einflussnahme hindert Politiker aber nicht daran, heuchlerisch für die Pressefreiheit zu kämpfen. Vor einigen Jahren widmete die *Bild*-Zeitung dem CDU-Bundestagsabgeordneten Gunther Krichbaum, Chef des Europaausschusses im Bundestag, einen großen Artikel. »Bundestag und EU besorgt über Angriff auf Pressefreiheit«, war da in der Überschrift zu lesen. CDU-Politiker Krichbaum hatte dem EU-Kommissionschef Barroso geschrieben: »Die zunehmende Gefährdung der Presse- und Meinungsfreiheit ... muss den energischen und entschiedenen Widerspruch der Kommission herausfordern.«

Diese Sorge betraf aber nicht die Situation in Deutschland. Es ging um die Türkei. Und um die sorgt sich Angela Merkel immer noch. Bei den ersten gemeinsamen Regierungskonsultationen im Januar 2016 sprach sie die Pressefreiheit in der Türkei wieder an.

Und Anfang 2016 mussten wir erleben, dass die erzkonservative Regierung in Polen sämtliche ihr unangenehmen Journalisten aus dem Rundfunk entließ und mit einem neuen Mediengesetz die Pressefreiheit erheblich einschränkte.

Da protestierte selbst der Fraktionsvorsitzende der CDU im Bundestag, Volker Kauder, und forderte Sanktionen gegen Warschau. »Wenn Verstöße gegen die europäischen Werte festzustellen sind, müssen die Mitgliedstaaten den Mut zu Sanktionen haben«, sagte er: »Polens Regierung muss wissen: Bestimmte Grundwerte darf man in Europa nicht verletzen.« Der Vorsitzende der Unionsgruppe im Europaparlament, Herbert Reul, sprach sich sogar für Geldstrafen gegen Polen aus.

Die Polen haben sich prompt gewehrt mit dem Hinweis darauf, wie deutsche Rundfunkräte im Sinne ihrer Partei Personalpolitik betreiben und die Pressefreiheit beschneiden.

Die Regierenden in autoritären Ländern benötigen heute keine Zensurbehörde, um die Presse zu gängeln. Der einstige OSZE-Beauftragte für die Freiheit der Presse, der ehemalige Verleger und Bundestagsabgeordnete der SPD Freimut Duve, beklagte, dass in Ländern der ehemaligen Sowjetunion unliebsame Journalisten mundtot gemacht werden, indem sie als Kinderschänder oder als Steuersünder angeklagt, verurteilt und ins Gefängnis gesperrt werden.

Die Wandlung der Medienwelt hin zur Informationsgesellschaft

Die heutige Informationsgesellschaft hat unendliche Vorteile, wenn wir an die Möglichkeiten der Verbreitung von Informationen denken. Aber es gibt leider auch negative Auswirkungen.

Da mag ich die Qualität von Journalismus in Deutschland loben, aber im gleichen Atemzug könnte ich beklagen, dass immer weniger Journalisten, immer weniger Presseerzeugnisse sich der Vorgänge annehmen, die ein kämpferischer Demokrat 1848 gern veröffentlicht hätte. Etwa, dass der Staat den Informantenschutz und die Pressefreiheit scheibchenweise wieder aushöhlt. In den vergangenen Jahren haben sich die Vorgänge gehäuft, in denen Redaktionsräume durchsucht, die Telefonate von Journalisten über Datenträger kontrolliert und von den Strafverfolgungsbehörden erfasst wurden.

Aber ist meine Klage wirklich berechtigt in einer Zeit, in der es zu immer mehr »leaks« kommt, zur Veröffentlichung geheimer Dokumente im Internet? Das Motiv von Personen wie Edward Snowden, der wohl den größten Geheimnisverrat der letzten Jahre zu verantworten hat, ist meines Erachtens äußerst ehrenwert. Er wollte die Belege dafür liefern, dass die US-Geheimdienste gegen die Gesetze verstoßen. Und damit ist er vermutlich für andere Regierungsbeamte in der westlichen Welt zum Vorbild geworden. Denn inzwischen lässt es sich kaum noch verbergen, wenn Regierungsorganisationen gegen die Gesetze verstoßen. Immer sitzt irgendwo ein Beamter, den sein Gewissen dazu verleitet, Transparenz herzustellen. Regierungen ihrerseits versuchen sich dagegen zu wehren, indem sie Geheimnisverrat strafrechtlich verfolgen wollen.

Ein solcher Fall hat vor kurzem in Deutschland zu heftigen Debatten geführt. Denn die Bundesanwaltschaft eröffnete ein Verfahren wegen Landesverrats gegen zwei Journalisten vom Blog *Netzpolitik.org*.

Die Journalisten haben in dem Blog Auszüge aus Unterlagen des Verfassungsschutzes über die geplante

»Massenauswertung von Internetinhalten« veröffentlicht.

Sie erinnern sich gewiss: Bundesjustizminister Heiko Maas hat den Vorgang gestoppt. Es kostete den Generalbundesanwalt sogar das Amt.

Journalisten müssen die Möglichkeit haben, auch streng geheime Vorgänge zu veröffentlichen. Streng geheim war die »Operation Eikonal«, eine gemeinsame Abhöraktion von BND und NSA. Erst als Journalisten der *Süddeutschen Zeitung* den Fall aufdeckten, kam heraus, dass sogar der Bundestag von den Geheimdienstmaßnahmen nichts wusste, obwohl er sie hätte genehmigen müssen.

Die Veröffentlichung war selbst für die Bundeskanzlerin peinlich. Nachdem herausgekommen war, dass die US-Agentur NSA sogar ihr Mobiltelefon abhörte, hatte Angela Merkel gesagt: »Ausspähen unter Freunden, das geht gar nicht.«

Doch nun stellte sich heraus, dass der BND selbst abhörte, etwa den französischen Außenminister Laurent Fabius, den Präsidentenpalast in Paris und europäische Spitzenpolitiker und -beamte.

Der deutsche Justizminister lässt nun prüfen, ob der Verrat von Staatsgeheimnissen durch Journalisten in Zukunft nicht mehr strafbar sein sollte.

Die Aufhebung des entsprechenden Paragraphen im Strafgesetzbuch wäre ein Verdienst im Sinn der Pressefreiheit.

Statt den Journalisten zu bestrafen, wenn er Geheimnisse veröffentlicht, die der demokratischen Kontrolle unterliegen, sollte ein Gesetz die staatlichen Stellen verpflichten, ihr Handeln offenzulegen. Ein ausführliches Recht auf Information halte ich für eine sinnvolle Forderung im Sinne der Pressefreiheit.

Wie wichtig ein Recht auf Information ist, erleben wir immer wieder, wenn Politiker wichtige Ergebnisse für politische Entscheidungen falsch darstellen oder gar verschweigen. So kam im Februar 2016 heraus, dass der umstrittene Bau einer Konzerthalle in Münchens Stadtmitte angeblich mit einer Lüge der Behörden verhindert wurde. Ein Gutachten schlug ein akustisch machbares Konzept vor, doch das Gutachten wurde geheim gehalten und öffentlich das Gegenteil behauptet: Das Gutachten spreche sich aus akustischen Gründen gegen den Bau aus.

Die Wahrheit wurde erst nach fünf Jahren offenbar, als das Gutachten veröffentlicht wurde, die Entscheidung für einen anderen Standort jedoch schon gefallen war. Doch damit wurde der Streit wieder angefacht.

Hätte die Pflicht zur Information bestanden, wäre am Ende vielleicht keine andere Entscheidung gefallen, aber doch eine, bei der alle Beteiligten von den gleichen Voraussetzungen ausgegangen wären.

Medien – die Vierte Gewalt?

Der französische Aufklärer Charles de Montesquieu meint, dass die Freiheit des Bürgers in einem Staat nur durch die Dreiteilung der Gewalten garantiert wird, wenn also Exekutive, Legislative und Judikative unabhängig voneinander sind. Nun hat es sich eingebürgert, von den Medien als der Vierten Gewalt zu sprechen. Und Journalisten übernehmen diese Bezeichnung gern. Begründet sie nicht all ihr Handeln – so fragwürdig es auch manchmal sein mag?

Kein Zweifel, die Medien sind eine öffentliche Macht, und darüber wird zu reden sein. Aber ich halte es für falsch, sie mit den drei staatlichen Gewalten gleichzusetzen.

Zum Ersten fehlt es den Medien an demokratischer Legitimation und an Transparenz.

Zum Zweiten wird der größte Anteil der Medien, ausgenommen die öffentlich-rechtlichen Rundfunkanstalten, aus wirtschaftlichem und nicht aus demokratischem Interesse betrieben. Und ich möchte hinzufügen: Aufklärung im Sinne von Kant ist nicht Ziel der Wirtschaft. Im Gegenteil.

Der Eigentümer wird eine politische Linie vorgeben, wird gewisse kritische Artikel nicht in seinem Medium veröffentlicht sehen oder einen wirtschaftlichen Gegner besonders bloßstellen wollen.

Apokalypse und Sensationsjournalismus

Aus kommerziellen Gründen lautet das Motto häufig: Apokalypse statt Aufklärung. Damit sollen Einschaltquoten, Auflagenhöhen oder eine hohe Klickrate im Internet erzeugt werden.

Apokalypse: Hunderttausende Menschen könnten bei einer Pandemie sterben. Ich sage nur: Vogelgrippe. Oder Schweinepest. Ausgelöst durch die von den Medien geschürte Hysterie, beschloss im Februar 2006 die Konferenz der deutschen Gesundheitsminister, dass mit Hilfe der deutschen Pharmaindustrie rasch 160 Millionen Einheiten eines Impfstoffs hergestellt werden sollten, also zwei Einheiten pro Bundesbürger. Und 2009 erfolgte die rasche Produktion eines Impfstoffs gegen die Schweinegrippe. Alles Unfug!

Aber dass eine Konferenz der Gesundheitsminister aufgrund der Berichterstattung über die drohende Apokalypse zusammenkommt, zeigt, dass sich aus der Macht des Mediums eine besondere Verantwortung für den Journalisten ergibt.

Wichtig ist: Der Journalist sollte wissen, worüber er berichtet. Wichtig ist, das Bedeutende vom Unwichtigen zu trennen. Nicht jeder Fehlalarm an einem Flughafen sollte gemeldet werden, denn dies führt zu Orientierungslosigkeit und Übersättigung.

Manchmal ärgere ich mich über meine Kollegen. Immer wieder hört man in den Hörfunknachrichten – besonders an Wochenenden, wenn wenig Neuigkeiten zu melden sind –, das Wasser werde knapp. Verwüstung drohe. Es wird nicht gesagt, wo das Wasser knapp wird. Es wird auch nicht gesagt, wo Verwüstung droht. Also denkt der aufgeregte deutsche Hörer, das betreffe ihn in Deutschland.

Gemeint ist aber Afrika, gemeint ist Sibirien, keinesfalls Deutschland. Doch die unpräzise Meldung führt dazu, dass Deutsche immer weniger Wasser benutzen. Dadurch entstehen den großen Städten Probleme, denn die Wasserämter müssen nun Trinkwasser in die Kanalisation leiten, damit die Abwasser weitergespült werden.

Zu viel Unwichtiges erschlägt das Wichtige.

Verantwortung wahrnehmen bedeutet auch, ausgewählte Nachrichten in den Vordergrund zu stellen. Und wichtig ist – das gehört auch zur Verantwortung –, die Wirkung der Meldung zu berücksichtigen.

Apokalypse: Der wohl größte Presseskandal der letzten zwanzig Jahre hat auch damit zu tun, dass selbst die etablierte, der Kant'schen Aufklärung meist verpflichtete Presse bis hin zur *Frankfurter Allgemeinen Zeitung* ungeprüft eine sensationelle Geschichte der *Bild*-Zeitung übernahm. Ungeprüft wohl auch deswegen, weil in den Zeiten des Internets und des rasanten Informationsflusses niemand ins Hintertreffen geraten und sich gar dem Vorwurf aussetzen will, er habe eine Geschichte verschlafen.

Laut *Bild*-Zeitung war ein kleiner Junge namens Joseph Abdulla von einer Horde Neonazis im Schwimmbad von Sebnitz gequält worden: »… dann warfen sie ihn ins Schwimmbecken, ertränkten ihn … Viele hörten seine Hilferufe, keiner half.«

Nichts davon stimmte. Aber das stellte man erst fest, als die Medienlawine schon losgetreten worden war.

Joseph war wegen eines Herzversagens ertrunken.

Doch zunächst war die gesamte deutsche Presse erschüttert und entsetzt angesichts der geschilderten Grausamkeiten der Rechtsradikalen; sie übernahmen die erfundenen Behauptungen aus der *Bild*-Zeitung und verzichteten auf eigene, gründliche Recherchen. Der sächsische Ministerpräsident Kurt Biedenkopf setzte sich in den Hubschrauber und besuchte die trauernde Familie. Bundeskanzler Gerhard Schröder traf sich mit der Mutter, allerdings gab es da offenbar schon Zweifel, weshalb das Treffen nicht fotografiert werden durfte.

Die Kommunikationswissenschaftlerin Anja Willkommen hat die Rolle der Presse analysiert und kam zu dem Ergebnis: »Der Hauptgrund für die Entwicklung der Berichterstattung ist im Thema selbst zu sehen: Es besitzt einen hohen Nachrichtenwert, also zahlreiche Komponenten, die ein hohes Interesse seitens der Leser versprechen, zudem ist es sehr emotional besetzt – es geht um den Tod eines kleinen Jungen. Weiterhin ist das Thema sensationell – mutmaßlich liegt ein Verbrechen vor!«

Da Sebnitz in Sachsen liegt, passte der Fall gut in das Klischee vom rechtsradikalen und ausländerfeindlichen Osten.

Angela Merkel meinte später: »Sebnitz steht in meinen Augen auch für Gefahren, in die sich ein Politiker – und mit ihm zwangsläufig die Politik als Ganzes – begibt, wenn er sich in offenbar grenzenloser Bereitwilligkeit den ›Gesetzen‹ der Medienwelt unterwirft. Mit seinem Treffen mit der Mutter des verstorbenen Joseph und der gezeigten Betroffenheit verlieh der Kanzler mangelhaftem journalistischen Handwerk staatspolitische Würde.« Das gilt auch für Ministerpräsident Kurt Biedenkopf, doch den nannte die CDU-Vorsitzende Angela Merkel nicht, schließlich gehörte der sächsische Ministerpräsident ja ihrer Partei an.

Die Apokalypse als journalistisches Motto dient dem wirtschaftlichen Erfolg der privaten Medien.

Und hier sehe ich ein grundsätzliches Problem der deutschen Presse. Zwar haben die *Frankfurter Allgemeine Zeitung*, der *Spiegel* und auch *Die Zeit* eine kleine Korrekturspalte eingeführt, doch die Diskussion um journalistische Fehler wird in den USA sehr viel ernsthafter und ausführlicher geführt. Davon können wir lernen.

In der *New York Times* hat ein gestandener Journalist die Aufgabe, sich um Korrekturen zu kümmern. Die amerikanische Tageszeitung betreibt online eine Korrekturseite, die auch in Deutschland Standard sein sollte. Es wird dort nicht nur angegeben, welche Korrekturen am Tag selbst in der gedruckten Ausgabe stehen, sondern es werden auch die *links* zu den Korrekturen der letzten sieben Tage angeführt.

Auf der Onlineseite gibt es eine kostenfreie Telefonnummer, eine E-Mail-Adresse und eine Faxnummer, damit Leser angeben können, welche Fehler sie entdeckt haben.

Völlige Transparenz sollte der Maßstab für eine vertrauensvolle Berichterstattung sein.

Nun ist nicht nur der Trend zu Weltuntergangsszenarien in den privaten Medien negativ zu beurteilen. Wir sollten nicht vergessen, dass wirtschaftliche Vorgaben auch im Widerspruch zur Freiheit der Presse stehen können.

In Ländern, in denen enge – gar freundschaftliche – Beziehungen zwischen Privatwirtschaft und Politik bestehen, wie in Frankreich, dient die Wirtschaft gern ihr nahestehenden Politikern. So kann ein Präsident wie Nicolas Sarkozy schon einmal bei dem Eigentümer einer Fernsehanstalt die Entlassung des populärsten Nachrichtenmoderators veranlassen, weil der ihm unangenehme Fragen gestellt hat.

In Frankreich gehört dem weltweit agierenden Bauunternehmer Bouygues die größte Fernsehanstalt: TF 1.

Der Luxusgüterkonzern LVHM besitzt unter anderem die Zeitung *Le Parisien*, der Tycoon Vincent Bolloré hat vor kurzem den Pay-TV-Kanal Canal +

gekauft. Er nahm dort als Erstes die beliebte, aber politisch äußerst kritische Satireshow *Les Guignols de l'info* aus dem Programm. Politiker sollten nicht mehr durch den Kakao gezogen werden.

Dem Waffenfabrikanten Dassault gehört die Tageszeitung *Le Figaro*, und die Redaktion zeichnet sich durch äußerst freundliche Berichterstattung über den konservativen Expräsidenten Nicolas Sarkozy aus, während sie heftige Kritik an dessen Widersacher, dem sozialistischen Präsidenten François Hollande, übt. Nachdem es François Hollande jedoch gelungen war, das von Dassault hergestellte, bisher auf dem internationalen Markt unverkäufliche Kampfflugzeug Rafale nach Ägypten, Katar und in andere Länder zu verkaufen, was kein konservativer Präsident geschafft hatte, änderte der *Figaro* seine politische Linie und schwächte seine Kritik an dem sozialistischen Präsidenten ab, ja, lobte ihn sogar manchmal.

Völlige wirtschaftliche Unabhängigkeit einer Zeitung kann ein höchstes Maß an Freiheit garantieren. Dafür steht die französische Satirezeitung *Le Canard enchaîné*. Vor hundert Jahren als Protest gegen die staatliche Zensur während des Ersten Weltkriegs gegründet, hat die wöchentlich erscheinende Zeitung von Anfang an auf Werbung verzichtet. Canard, wörtlich übersetzt »Ente«, bedeutet in französischer Umgangssprache »Blatt«, »Zeitung«. Ein »canard enchaîné« ist ein angekettetes Blatt.

Das Blatt gehört der Redaktion, die sämtliche Gewinne der vergangenen Jahre angespart hat und somit über Rückstellungen von mehr als 125 Millionen Euro verfügt. Die Auflage liegt bei 450 000 Exemplaren. Das redaktionelle Motto lautet: *La liberté de la presse ne s'use que quand on ne s'en sert pas.* – Die Pressefreiheit verschleißt nur, wenn man sie nicht nutzt.

In Zeiten der staatlichen Zensur, etwa während des Algerienkriegs, wurde der *Canard* mehrmals verboten. Doch seither hat das Blatt den Spitzen in Politik, Wirtschaft und Gesellschaft immer wieder viel Kummer bereitet. Denn die Redaktion kann auf Hinweise zahlreicher anonymer Informanten zurückgreifen, bis hin aus der Regierung. Der *Canard* hat die Affäre um die Diamantengeschenke des selbst ernannten afrikanischen Kaisers Bokassa an Präsident Valéry Giscard d'Estaing enthüllt, wie auch viele andere Fälle politischer Korruption. Und immer wieder landen bei diesem Blatt Artikel, die Journalisten für andere Zeitschriften recherchiert haben, die aber dort aus Angst vor den Folgen nicht gedruckt wurden.

»Kunst des Unterlassens« oder Selbstzensur?

Auch die Redaktion des *Canard* veröffentlicht nicht alles, was sie erfährt, und zeigt sich damit journalistisch verantwortungsvoll. Der *Canard enchaîné* übt sich in der Kunst des Unterlassen, was ich persönlich eine weitere journalistische Tugend nennen möchte.

Privates bleibt privat.

Auch wenn Präsidenten fremdgehen.

In meiner Zeit als Korrespondent in Paris schaute ich regelmäßig in der Redaktion vorbei. Eines Tages zeigte mir der Chefredakteur verfängliche Fotos von Präsident Valéry Giscard d'Estaing mit einer jungen Frau. Ich fragte ihn: »Und was macht ihr jetzt damit?« Er antwortete: »Nichts. Das ist sein Privatvergnügen. Wenn sie eine israelische Agentin wäre, würden wir das Bild veröffentlichen. Aber sie ist nur ein Escort-Girl.«

Der *Canard* wusste auch von der Freundin des jetzigen Präsidenten François Hollande. Als eine Illustrierte über die Affäre berichtete und dazu Fotos abdruckte, äußerte sich der *Canard* kritisch: Er werde nie in die Schlafzimmer der Prominenten schauen.

Damit beweisen die Journalisten des *Canard enchaîné* Haltung.

Und schon höre ich die Kritiker der Kunst des Unterlassens. Besonders anlässlich der Vorfälle zu Silvester vor dem Bahnhof in Köln oder in Hamburgs St. Pauli. Araber, Algerier, Tunesier, Marokkaner: Flüchtlinge und Asylanten hatten Hunderte von Frauen bestohlen, belästigt oder gar vergewaltigt. In der Klarheit, in der ich es hier sage, war es zunächst weder von der Polizei noch in den Medien dargestellt worden.

Höhnisch fragen Kritiker deshalb: Wie weit ist es von der Tugend des Unterlassens bis zur Selbstzensur? Gibt es da nicht eine Schweigespirale im deutschen Journalismus? Selbst der ehemalige Bundesinnenminister Hans-Peter Friedrich sprach von einem »Schweigekartell« und von »Nachrichtensperre«, wenn es um ausländische Straftäter gehe. Nun gut, Friedrich zielte mit seiner Kritik auf ARD und ZDF, die einem CSU-Politiker grundsätzlich verdächtig sind. Und tatsächlich hatte das ZDF am ersten Abend, nachdem die gesamte deutsche Presse über die Vorfälle in Köln berichtet hatte – auch die *Tagesschau* um 20 Uhr – auf eine Meldung verzichtet. Ein Fehler, für den sich das ZDF am Tag darauf entschuldigte.

Kurz zur Erinnerung: Was war geschehen?

Die Kölner Polizei hatte am Morgen nach den Gewalttaten eine Pressemitteilung veröffentlicht, wonach in der Silvesternacht eine ausgelassene Stimmung geherrscht habe und die Feiern weitgehend friedlich verlaufen seien.

Journalisten des *Kölner Stadtanzeigers* hörten aber von Betroffenen, was geschehen war, und berichteten zunächst online. Andere Zeitungen zogen, ebenfalls online, nach, sodass über diese Art der Vermittlung die Fakten noch vor der gedruckten Ausgabe veröffentlicht wurden.

Die Journalisten klärten schneller auf als die Polizei, die noch lange brauchte, bis sie die Wahrheit tröpfchenweise ans Licht beförderte.

In den darauffolgenden Tagen hat sich die deutsche Presse weitgehend, so mein Urteil, ganz im Sinn der Kant'schen Aufklärung verhalten. Manche Zeitungen, wie die *Frankfurter Allgemeine*, sogar mustergültig. In Berichten und Analysen klärten die Medien auf, indem sie Fakten und Interpretationen lieferten, die den Medienkonsumenten Wissen vermittelten. Dieses Wissen versetzte sie in die Lage, sich ihres »Verstandes ohne Leitung eines anderen zu bedienen«.

Es wäre ein Wunder, wenn der eine oder andere Journalist nicht doch ins Zweifeln gekommen wäre, wie er verfahren sollte. Der Kriminologe Christian Pfeiffer berichtete, er sei zu zwei Fernsehinterviews gebeten worden mit dem Hinweis der Redaktion, *nicht* von »Flüchtlingen« zu reden. Pfeiffer ging auf die Bitte nicht ein und wurde dennoch interviewt. Hinterher entschuldigten sich die Verantwortlichen unaufgefordert bei ihm. Pfeiffer erklärte, er habe sich zwar an der »Attitüde der politischen Korrektheit« gestört, das Verhalten der einzelnen Journalisten aber eher als Unsicherheit denn als offizielle Sprachregelung interpretiert.

Politische Korrektheit ist aber nicht nur Thema bei der Berichterstattung der Medien oder der Öffentlichkeitsarbeit der Polizei. Es betrifft uns alle. Wir müssen uns damit befassen, dass die moderne, demokratische Gesellschaft sich eigene Denk-Tabus eingerichtet hat. Von wegen Gedankenfreiheit!

In der Gesellschaft werden gewisse Bezeichnungen als unziemlich betrachtet. Nicht rechtliche Vorgaben sind das Problem, sondern gesellschaftlicher Druck verhindert, dass die Dinge klar beim Namen genannt werden.

In der Kölner Folgedebatte um die Unterrichtung der Öffentlichkeit und die entsprechende Wortwahl erklärte der Innenminister von Nordrhein-Westfalen, die Polizei richte sich bei ihrer Wortwahl »nach dem Pressekodex«. In dem heißt es, dass in der Berichterstattung über Straftaten die Zugehörigkeit der

Verdächtigen oder Täter zu religiösen, ethnischen oder anderen Gruppen nur dann erwähnt werde, wenn »für das Verständnis des berichteten Vorgangs ein begründbarer Sachbezug« bestehe. Ob der Satz richtig ist, das wurde nach den Ereignissen von Köln infrage gestellt. Am Ende blieb es dabei.

Diese Formulierung lässt eine weite Interpretation zu, je nachdem was ich als Journalist für richtig halte. Natürlich kann ich mich immer auf den Pressekodex berufen. Tatsächlich aber fehlt oft der Mut, sich für klare Worte zu entscheiden. Karl Kraus sagte: »Sprechen und Denken sind eins.«

Von unserem Denken hängt auch unsere Wortwahl ab.

Das führt zu dem, was ich »Selbstzensur« nenne. Nun gab es schon immer Journalisten, die meinen, es gebe keine Selbstzensur. Sie seien frei und würden ohne Druck von oben entscheiden, was und wie sie berichten. Aber Selbstzensur ist ein verstecktes Phänomen. Man zensiert sich unbewusst. Nach dem Motto: Das darf man doch nicht sagen!

Weil man Zigeuner nicht mehr Zigeuner nennen soll, spricht der Polizeibericht bei Roma und Sinti dann von »Angehörigen einer ethnischen Minderheit mit häufig wechselndem Wohnsitz«.

Das Phänomen der Selbstzensur betrifft alle gesellschaftlichen Bereiche, nicht nur den Journalismus, die Polizei oder die Politik. Nein, auch die Wissenschaft, die Wirtschaft, sogar die »unabhängige« Justiz. So ist mir völlig unverständlich, dass ein deutsches Gericht bei der Verhängung eines Urteils in einem Mordverfahren die Milderung der Strafe damit begründete, die Tat erkläre sich aus der Kultur der Täter. Die Täter hatten eine junge Frau ermordet, weil sie sich am deutschen Verhaltenskodex orientierte und nicht an den Sitten aus der »Kultur der Täter«. Solche Morde werden bei uns immer noch fälschlicherweise »Ehrenmorde« genannt. So heißen sie in der Kultur der Täter. Darin liegt jedoch ein Widerspruch: Die Ehre eines Menschen entstammt seiner Würde.

Durch den Mord nimmt der Täter dem Opfer die Menschenwürde.

Selbstzensur, also mangelnde Gedankenfreiheit, ist kein Phänomen, das sich auf Deutschland beschränkt. In Schweden beispielsweise wurden bei einem Jugendfestival 2014 und 2015 viele junge Mädchen vergewaltigt. Dem Polizeibericht zufolge wurden fünfzig Flüchtlinge, vor allem aus Afghanistan, als Verdächtige ausgemacht. Die Polizei aber erklärte ähnlich wie in Köln: »Es gab relativ wenige Delikte angesichts der vielen Konzertbesucher.«

Als der Fall Monate später an die Öffentlichkeit gelangte, gestand ein Polizist, der bei dem Konzert Dienst getan hatte, ein: »Manchmal haben wir nicht den Mut zu sagen, wie die Dinge wirklich sind.« Die Begründung lautete, man wolle den Rechtspopulisten nicht in die Hände spielen.

In der nordenglischen Stadt Rotherham wurden mindestens 1400 Minderjährige über sechzehn Jahre hinweg sexuell missbraucht. Die Täter waren Männer mit pakistanischen Wurzeln. Ein Untersuchungsbericht sprach von jahrelangem »Kollektivversagen« von Politik, Polizei und Sozialbehörden. Sozialarbeiter, die bei der Polizei oder dem Jugendamt über die Vorgänge berichtet hatten, wurden von Vorgesetzten zurechtgewiesen oder gar abgemahnt, also bestraft. Opfer, die sich bei der Polizei meldeten, wurden mit Verachtung behandelt und abgewiesen.

Der Grund? Da es sich um Pakistani handelte, wollte man nicht rassistisch erscheinen oder aber rechtsradikale Gruppierungen stärken. Laut Untersuchungsbericht gaben etliche junge Leute an, »dass die Polizei nichts gegen ausländische Jugendliche zu tun wagt, aus Angst vor Rassismusvorwürfen«.

Aus diesem Phänomen entwickelt sich ein grundsätzliches Problem für die Gesellschaft. Ihr Zusammenhalt soll normalerweise durch moralische und rechtliche Regeln geordnet werden. Wer gegen diese Regeln verstößt, den muss die Gesellschaft zur Ordnung rufen.

Ein Gauner muss ein Gauner genannt werden.

Wenn aber aus Angst oder falsch verstandener Toleranz der Regelverstoß nicht benannt wird, kann er auch nicht geahndet werden. Das führt zum Verfall der Gemeinschaft.

Diese Haltung hat weder etwas mit Rassismus noch mit Rechtsradikalismus zu tun. Das ist eine Haltung, die sich aus den Lehren der Soziologie, der Pädagogik und der Ethik ergibt.

Es wäre gut, wenn diese Lehren dem durchschnittlichen Medienkonsumenten, ja, auch jedem Journalisten, geläufig wären. Darüber sollte Konsens unter allen Staatsbürgern herrschen.

Ein Geheimnis der Freiheit, so meinte Andrew Jackson, einer der ersten amerikanischen Präsidenten, liege im Mut. Und Mut interpretiere ich hier so: offen zu benennen, was die Selbstzensur scheinbar verbietet, wenn ich der Meinung bin, es diene der Aufklärung. Denn eine wesentliche Aufgabe des Journalisten ist es doch auch, Orientierung zu geben.

Ich möchte noch einmal an Immanuel Kant erinnern, der gesagt hat: »Habe Mut, dich deines eigenen Verstandes zu bedienen.«

Die Banalisierung der Öffentlichkeit

Ein in Informationsaufnahme nicht geübter Leser kann sich heute aus der Flut der Mitteilungen, die allein eine Presseagentur den ganzen Tag ausstößt, nur schwer ein Bild von der Wirklichkeit machen. Noch verwirrter wird er, schaut er stündlich Meldungen im Internet auf Newsportalen oder sozialen Netzwerken an.

Deshalb bedarf es der Hilfe von Fachleuten, die sichten, aussortieren und für ihr Publikum die wesentlichen Meldungen zusammenfassen.

Doch Journalisten, die schnell vermeintliche Exklusivberichte verbreiten, haben immer weniger Platz im Kopf für kritischen Journalismus. Damit beginnt die Banalisierung der Öffentlichkeit. Häufig glauben sie, es sei kritischer Journalismus, wenn man vermeintlich kritische, also bös gemeinte Gerüchte verbreitet.

Ein Zusammenschluss kritischer amerikanischer Journalisten betreibt das »Project for Excellence in

Journalism«. Sie haben sich mit der Berichterstattung über den US-Wahlkampf 2008 befasst.

Das Ergebnis war erschütternd: Mehr als sechzig Prozent aller Berichte beschäftigten sich mit Wahlkampfstrategien, Taktiken oder Persönlichkeiten, aber nicht mit politischen Inhalten.

Hatte der Republikaner John McCain eine Geliebte?

Erinnerte sich Hillary Clinton falsch an einen Besuch?

Welchen Anstecker trug Obama?

Solche Fragen bewegten die meisten Journalisten. Und das bei einer Wahl, wo es um Krieg oder Frieden, um die Folgen der Globalisierung, schlicht um Fragen von historischer Bedeutung ging.

Einer der amerikanischen Kollegen meinte, das Publikum werde von derartigen Journalisten vielleicht nicht bewusst in die Irre, aber doch bewusst ins Irrelevante geführt. Er schrieb weiter: »Nicht wenige Journalisten wirken an der Verzwergung ihres Berufsstandes mit. Sie sehen sich mittlerweile als Teil eines medialen Amüsierbetriebs.«

In Deutschland können wir das gleiche Phänomen beobachten. Als Peer Steinbrück Kanzlerkandidat der SPD war, beschäftigten sich die meisten Berichte nicht mit seinen politischen Vorstellungen, sondern mit Banalitäten. Als er in einem Zwiegespräch auf der Bühne eines Berliner Theaters scherzhaft sagte, einen billigen Pinot Grigio würde er nicht trinken, wurde er als hochmütig verurteilt; dem Thema widmete man in der Berichterstattung mehr Beachtung als dem Verfall öffentlicher Infrastruktur, wie er selber später beklagte.

Ähnlich war die mediale Aufregung, als Steinbrück 2013 nach der Wahl in Italien äußerte, er sei entsetzt, dass zwei »Clowns« gewonnen hätten, wobei er auf Silvio Berlusconi – inzwischen wegen diverser Vergehen rechtskräftig verurteilt – und den Komiker Beppe Grillo anspielte, der für die Protestbewegung 5 Sterne kandidierte. Auch hier gefiel sich die Presse darin, Steinbrück fertigzumachen. Da stellten sich sonst kritische Magazine wie der *Spiegel* auf dieselbe Stufe wie *Bild*. Die Neugier an der politischen Figur wiegt heute schwerer als Inhalte und Programm.

Berichterstattung wird zunehmend von Voyeurismus getrieben.

Nehmen wir ein Bespiel aus der jüngsten Vergangenheit. Ein siebenundzwanzigjähriger Copilot von Germanwings ist am 24. März 2015 für den Flug Düsseldorf-Barcelona-Düsseldorf eingeteilt. Der Tag endet mit einer Katastrophe.

Man konnte vieles darüber lesen, im Radio hören, im Fernsehen schauen. Fast achtzig Prozent der Meldungen waren nach den Erkenntnissen der Sonderkommission der Polizei und der Staatsanwaltschaft Düsseldorf falsch.

Kein Arzt hatte bei dem Copiloten eine bipolare Störung diagnostiziert. Er litt nicht unter Liebeskummer, seine Lebensgefährtin war nicht schwanger. Schlagzeilen machte die Geschichte einer angeblichen Freundin, der er mal gesagt haben soll: »Eines Tages werde ich etwas tun, was das gesamte System verändern wird, und alle werden dann meinen Namen kennen und in Erinnerung behalten.«

Von dieser Freundin hat man nie wieder etwas gehört.

Voyeurismus oder mit Gerüchten zur Unterhaltung beizutragen hatten diejenigen, die für die Pressefreiheit auf die Barrikaden gingen, nicht im Sinn. Und da beginnt das Privileg der Freiheit fragwürdig zu werden. Voyeurismus dient nicht der Aufklärung und weniger dem Wohl der Gemeinschaft als dem Abbau der Werte unserer Zivilisation. Er ist Folge des seit Mitte der achtziger Jahre zunehmenden Wettbewerbdrucks.

Viele Zeitungen, selbst die angesehensten, nehmen sich manchmal nicht die notwendige Zeit zu überprüfen, was sie melden. Im Journalismus spielt die Schnelligkeit eine immer größere Rolle. Besonders, wenn das Transportmittel der Nachrichten das Internet und dort gar der Tweet ist.

Erst Anfang Dezember 2015 meldete die *Süddeutsche Zeitung*, ein falscher Tweet der Finanzzeitung *Financial Times* habe vor einer Entscheidung der Europäischen Zentralbank für »heftige Turbulenzen auf dem Devisenmakt gesorgt und den Euro gegenüber dem Dollar steigen lassen«.

Um 13.38 Uhr hatte die *Financial Times* gemeldet: »Schock-Entscheidung: EZB lässt Leitzinsen unverändert.« Sofort stieg der Kurs des Euro gegenüber dem Dollar.

Um 13.45 Uhr – also nur sieben Minuten später – verkündete die EZB, sie werde einen der Leitzinsen senken.

Darauf fiel der Eurokurs. Die *Financial Times* löschte den falschen Tweet schnell und entschuldigte sich für den Fehler.

Die Maximen des Handelns sollten sein:

1. Glaubwürdigkeit
2. Nutzen für den Empfänger
3. Geschwindigkeit, mit der die Meldung zum Leser oder Zuschauer gelangt.

Nun herrscht zwischen den Presseagenturen, aber auch zwischen den Fernsehanstalten und den Nachrichtenplattformen im Internet ein harter Wettbewerb. Derjenige, der als Erster eine wichtige Meldung verschickt, hat einen klaren Vorteil oder glaubt einen zu haben. Um schneller zu sein als die anderen, versenden Agenturen Meldungen, die nicht ordentlich geprüft wurden und sich zuweilen als falsch herausstellen.

Zur Orientierungslosigkeit trägt bei, wenn Medien ein untergeordnetes Thema Tag um Tag, Woche um Woche zur Hauptsache machen und sie ihre Aufmerksamkeit damit einer Nebensache widmen. Tatsächlich verdrängt der Mechanismus, permanent Sensationen zu verbreiten, die Auseinandersetzung mit Themen, die Orientierung verschaffen. Denn der Mensch hat nun einmal nur eine beschränkte Fähigkeit zur Wahrnehmung.

Aufklärung heißt auch, Orientierung geben

Es gibt Fälle, da ist das gar nicht so leicht: Journalisten müssen manchmal Informationen senden, die sie nicht auf ihren Wahrheitsgehalt hin überprüfen können; es handelt sich dabei meist um solche, die von den Regierungen übermittelt werden. Das haben wir im Irakkrieg erlebt. Dass es dort Massenvernichtungswaffen gebe, behaupteten die amerikanische und die britische Regierung, und wegen dieser Massenvernichtungswaffen müsse Krieg geführt werden. Manch einer erinnert sich vielleicht an die berühmte Rede von Colin Powell 2003 vor dem Sicherheitsrat der Vereinten Nationen, bei der er ein vermeintliches Giftröhrchen zeigte und behauptete, dies sei der Beweis, dass der Irak im Besitz von Uran (oder einer anderen gefährlichen Substanz) sei. Es war alles gelogen.

Aber wollen wir Journalisten glauben, dass der amerikanische Außenminister vor dem Sicherheitsrat lügt? Nein, da sind wir naiv genug, das nicht zu tun. Doch wir sollten wissen, dass Politiker, wenn sie etwas durchsetzen wollen, es mit der Wahrheit nicht ganz so genau nehmen. Die Amerikaner und die Briten (insbesondere Tony Blair) haben ihr Volk – und nicht nur ihr Volk – hemmungslos angelogen. Nur damit sie diesen Krieg führen konnten. Mit den Folgen, die wir jetzt auszubaden haben. Wir können froh sein, dass die deutsche Regierung damals unter Gerhard Schröder beschlossen hat, nicht mit in diesen Krieg zu ziehen. Wie ist Schröder dafür geprügelt worden.

Ich habe damals mit einer Person aus der deutschen Regierung gesprochen, die ganz nah am Geschehen war, und gefragt:

»Die Amerikaner haben alle Informationen über die Massenvernichtungswaffen im Irak, was habt ihr?«

Antwort: »Nichts.«

Ich: »Haben die Amerikaner euch nicht irgendetwas gezeigt?«

Antwort: »Bei einem NATO-Treffen kam jemand mit einem kleinen Gläschen, in dem angeblich das gefährliche Zeug drin war.«

Das Erstaunliche ist, dass sich auch die Regierungen untereinander anlügen. Aber wie soll dann ein Journalist Klärung bringen können? Möglicherweise vertraut er der einen oder der anderen Regierung.

Nachdem man den Irak erobert und keine einzige Massenvernichtungswaffe gefunden hatte, war klar, dass es diese Massenvernichtungswaffen nicht gab. Die Korrektur der Falschinformation wurde in den Ländern, die nicht am Krieg teilgenommen hatten, so auch in Deutschland, schnell aufgenommen. Man hatte ja geahnt, dass das nicht stimmte.

Aber in den Ländern, in denen die vermeintliche Existenz dieser Waffen von den Regierungen nach wie vor behauptet wurde (sie sind vielleicht noch vergraben oder werden mit Lastwagen herumgefahren), glaubte die Bevölkerung daran, dass es sie tatsächlich gegeben hat.

So ließen sich die meisten Amerikaner vom Widerruf der ursprünglichen Behauptungen nicht beeindrucken: Was sie einmal als wahr angenommen hatten, blieb für sie auch weiterhin wahr. Trotz aller Korrekturen.

Es gibt interessante Untersuchungen über das Bewusstsein derjenigen, die Nachrichten konsumieren. Der Psychologe Stephan Lewandowsky von der University of Western Australia, der solch eine Studie verfasst hat, meint, dass es nur dann zu solchen »Fehlern bei der Informationsverarbeitung« kommt, wenn die Meldung dem entspricht, wovon die Mediennutzer ohnehin überzeugt sind. Die Information wird in die bestehende Weltsicht eingebaut, das Dementi ignoriert. Das zeigt, welche Macht auch die Regierenden haben können, wenn sie den Medien etwas »füttern«, was nicht stimmt.

In der Zeit des Internets ist das Leben des freien, kritischen Journalisten weniger durch staatliche Pressezensur als durch »Shitstorms« und unfassbar dumme, aber gewalttätige Hassparolen bedroht.

Shitstorms und Falschmeldungen im Internet werden auch von Staaten als Mittel für einen Informationskrieg genutzt. So erlebt Deutschland in der Zeit der Flüchtlingskrise das, was Fachleute einen hybriden Krieg nennen: den Einsatz von Hasspropaganda. Sie ist nach dem UN-Zivilpakt international geächtet, doch Russland bedient sich ihrer gegenüber der Ukraine, gegenüber den baltischen Staaten und auch gegenüber der Bundesrepublik.

Golineh Atai, die ARD-Korrespondentin in Russland, ist eine der herausragenden deutschen Journalistinnen, gewürdigt als Journalistin des Jahres 2014, ausgezeichnet mit dem Hanns-Joachim-Friedrichs-Preis für Fernsehjournalismus und dem Peter-Scholl-Latour-Preis.

Wegen ihrer mutigen Berichterstattung aus der Ukraine, bei der sie immer wieder alle Seiten zu beleuchten versuchte, wurde sie beschimpft und sogar mit Mord bedroht. Wenn sie über die russische Opposition berichtete, kamen Anfeindungen aus Deutschland, und es liefen Programmbeschwerden bei den Sendern ein.

Interessanterweise hört man bei Demonstrationen der rechten Opposition in Deutschland, seien es AfD oder Pegida, häufig den Ruf: »Putin statt Merkel.«

Golineh Atais unabhängige Berichterstattung

führte dazu, dass sie in ihrer journalistischen Freiheit eingeschränkt wurde. Sie schildert das so: »Ich erlebe, wie die Angst in das Programm hineinspielt. Ich höre jeden Tag von den Kollegen in Deutschland, dass sie bestimmte Wortmeldungen oder Formulierungen vermeiden, ›wegen der Beschwerden‹.« So führt die Angst vor dem Shitstorm zur Selbstzensur. Die Waffe im hybriden Krieg wirkt.

Golineh Atai begann sich zu fürchten. Doch dann sagte die Journalistin: »Haben Sie keine Angst«, denn: »Wir stehen vor der alles entscheidenden Frage, wie wir leben wollen in Europa.«

Ihr Mut ist Ausdruck von Verantwortung.

Ich halte es für wichtig nachzuforschen, wer hinter den Kampagnen gegen freie Journalisten steckt. Wenn es darum geht, deutsche Journalisten wie Golineh Atai, die über die Ukraine oder über Russland berichten, zu verunglimpfen, setzen russische Medien ganz eindeutig eine neue Form der Propaganda ein. Und man darf dabei nicht vergessen, dass die Medien in Russland stark von der Politik abhängig sind.

Sechs Jahre lang war Christina Nagel Hörfunkkorrespondentin im ARD-Studio Moskau. Dann wechselte sie ins ARD-Hauptstadtstudio in Berlin. Eines Tages berichtete eine russische Internetseite, der ukrainische Präsident Petro Poroschenko sei so betrunken gewesen, dass man ihn an einem Flug nach Russland habe hindern müssen. Als Quelle dieser Meldung wurde Christina Nagel angegeben. Sie habe auf WDR 5 über diesen Vorfall berichtet. Andere Internetportale in Russland verbreiteten daraufhin diese Geschichte, ein Fernsehsender zeigte dazu einen Beitrag, in dem sogar ein heimlich aufgenommenes Gespräch mit einer Mitarbeiterin des ARD-Studios in Moskau eingefügt war. Die erklärte lediglich, sie könne zu dem Thema nichts sagen und auch keinen Kontakt zu Christina Nagel vermitteln. Womöglich wollte der Sender mit dem Gespräch nur beweisen, dass es Christina Nagel wirklich beim WDR gab.

Nagel hat nur durch Zufall davon erfahren. Eine Hörerin von WDR 5 erkundigte sich bei der Redaktion, was es mit dieser Meldung auf sich habe.

Nagel war geschockt.

»Es geht ja auch um Rufschädigung«, erklärte die Journalistin. »Ich fühlte mich ohnmächtig, weil ich nichts dagegen ausrichten konnte, was da über mich im Internet und Fernsehen verbreitet wurde.« In Moskau selbst hatten Freunde und Kollegen von ihr den Berichten zunächst Glauben geschenkt. Das war im September 2015.

Im Januar 2016 weitete der Kreml den Propaganda-krieg gegen Deutschland noch aus. Seinen Höhe-punkt erreichte er mit den Vorwürfen des russischen Außenministers Sergej Lawrow, der auf seiner Jahres-pressekonferenz beklagte, dass »unser Mädchen Lisa« wohl kaum »freiwillig dreißig Stunden verschwun-den« gewesen sei. Es müssten Wahrheit und Gerech-tigkeit siegen. Lawrow warf der Bundesregierung vor, Politik und Presse versuchten zu vertuschen, dass die dreizehnjährige Tochter von Russlanddeutschen in Berlin vergewaltigt worden sei.

Tatsächlich hatte sich das Mädchen aber wegen schlechter Schulnoten bei einem Freund versteckt.

Minuziös hat der Journalist Markus Wehner in der *Frankfurter Allgemeinen Sonntagszeitung* den »In-formationskrieg« gegen Deutschland aufgezeichnet. Bevor Lawrow sich äußerte, waren im russischen Fernsehen bereits gefälschte Reportagen gelaufen: über angebliche Vergewaltigungen von Kindern durch Flüchtlinge in Deutschland. In einer Repor-tage wurde ein dunkelhäutiger Mann gezeigt, der sich brüstete, mit fünf anderen Männern eine Jung-frau vergewaltigt zu haben. Wie sich herausstellte, kursierte die Aufnahme schon seit 2009 im Internet. So falsch die Reportage auch war, sie verbreitete sich mit beängstigender Geschwindigkeit im Internet und war auf Facebook schon nach drei Tagen 1,3 Millionen Mal geklickt worden. Deutsche rechtsradikale Internetseiten übersetzten den Beitrag. Und die NPD nahm sich der Thematik an.

Da stellt sich die Frage, ob die russische Propaganda sich der Rechtsradikalen in Deutschland bedient. Denn wir sollten uns daran erinnern, dass der rechtsradikale Front National in Frankreich aus Moskau mehrere Millionen Euro Finanzhilfe erhalten hat und dies auch nicht verschweigt.

Wenn wir schon von einem Informationskrieg sprechen, dann sollten wir auch nicht ausschließen, dass ein kluger Propagandist aus Moskau nachgeholfen hat, den Begriff »Lügenpresse«, den die Nationalsozialisten schon benutzten, wiederzubeleben. Dafür habe ich keinerlei Beweise, und es soll beileibe keine Verschwörungstheorie entstehen. Aber wo so viel aus politischem Kalkül gelogen wird – wie im Fall der USA und den Massenvernichtungswaffen oder wie im Fall des Informationskrieges Moskaus gegen Deutschland –, halte ich nichts für unmöglich.

Denn der Kreml mobilisiert in der Flüchtlingskrise die Gefühle, so Markus Wehner in der *FAS*, »um Angela Merkel, seine größte Gegenspielerin in Europa, zu schwächen. Schließlich hat die Kanzlerin Putin in der Ukraine gestoppt und die Sanktionen gegen Russland in der EU durchgesetzt. Nun sieht Moskau die Chance, Merkel loszuwerden. Wer noch Zweifel daran haben sollte, dass das der Kurs des Kremls ist, dem kann ein Tweet der Russischen Botschaft in London vom Freitag weiterhelfen. Über dem Bild eines dunkelhäutigen jungen Mannes mit braunen Augen heißt es: ›Die deutsche Regierung hat ihr Land unter den Füßen von Migranten wie einen Teppich ausgebreitet, jetzt versucht sie, deren Verbrechen unter den Teppich zu kehren.‹«

Die russische Propaganda wirkt auch in der deutschen Bevölkerung. Russlanddeutsche, die jene durch das Internet verbreiteten Gräuelgeschichten glaubten, haben sich daraufhin zu Demonstrationen verabredet. Mehr als zehntausend gingen an einem Sonntag im Januar 2016 in mehreren deutschen Städten auf die Straße.

Und wieder offenbart dies, welche Macht die Medien haben, ob es nun stimmt, was sie berichten, oder ob es gelogen ist.

Lassen Sie mich noch einmal auf Kant kommen. Es mag idealistisch klingen, wenn ich sage: Die Aufgabe von Journalisten ist es, aufzuklären. Das bedeutet auch, kritisch zu hinterfragen, was wir selbst dazu beitragen. Aufzuklären ist jedenfalls eine der nobelsten Regeln unseres Handwerks.

Und lassen Sie mich erneut daran erinnern, was Herr Kant sagte:

»Aufklärung ist der Ausgang des Menschen aus seiner selbst verschuldeten Unmündigkeit.«

Dazu bedarf es der Vernunft. Und ich hoffe sehnsüchtig, dass wir immer wieder den Mut zur Vernunft finden.

Macht, Moral und Verantwortung
der Medien

Die Veröffentlichung einer bisher nicht bekannten Tatsache kann gravierende Folgen nach sich ziehen. Entsprechend verfügen Journalisten über große Macht, und mit dieser Macht heißt es verantwortungsvoll umzugehen. Nehmen wir zwei Fälle aus der letzten Zeit, in denen allein die journalistische Nachfrage schon ungeheure Wirkung zeitigte.

Das Magazin *Stern* deutete 2013 in einem kurzen Artikel an, eine wichtige Persönlichkeit aus der deutschen Fußballwelt könnte mit Konten in der Schweiz große Beträge an Steuern hinterzogen haben. In der Folge landete Uli Hoeneß, Präsident vom FC Bayern, im Gefängnis.

Der Spiegel schrieb, es habe eine Zahlung des Deutschen Fußballbundes von 6,7 Millionen Euro an die FIFA gegeben, was nahelege, dass der Zuschlag für die Fußballweltmeisterschaft 2006 in Deutschland durch Korruption zustande gekommen sei.

Weil es dem *Spiegel* an Beweisen mangelte, arbeiteten die Journalisten mit so vielen Konjunktiven, dass sie dafür von der Medienpresse hochgenommen wurden. Aber in der Folge musste DFB-Präsident Wolfgang Niersbach zurücktreten, und gegen Franz Beckenbauer und einige Fußballfunktionäre bestand Verdacht auf Korruption.

Ich habe ganz bewusst zwei Beispiele gewählt, die nicht aus der Politik oder der Wirtschaft, sondern aus einem anderen Bereich der Gesellschaft stammen. Denn beide Fälle zeigen, dass die Gesellschaft gleichzeitig die Quelle von Nachrichten ist wie auch deren Ziel. Die Macht der Medien besteht darin, dass sie es in der Hand haben, die Informationen, die ihnen zugespielt werden, entsprechend aufzuarbeiten und weiterzuverbreiten. Welche Folgen eine Nachricht in der Öffentlichkeit hat, können sie damit entscheidend beeinflussen. Das Magazin enthüllt, die Leserschaft ist informiert, die Gesellschaft reagiert.

Wie die Macht des Journalismus wirkt, kann man im Fall Hoeneß gut nachvollziehen. Am selben Tag, an dem der *Stern* seinen Artikel »Das geheime Fußballkonto« veröffentlicht, in dem nur von einem »Spitzenvertreter der Bundesliga« die Rede ist, reicht Hoeneß eine Selbstanzeige beim Finanzamt ein. Wenige Tage später übernimmt die Staatsanwaltschaft den Fall. Es folgen die Hausdurchsuchung und ein Haftbefehl, danach Prozess, Verurteilung und Haft.

Was bedeutet Macht ganz konkret?

Es gibt Dutzende von Machttheorien. Doch um die Macht der Medien zu analysieren, scheint mir die Definition der Gewalttheorie des Soziologen Heinrich Popitz am besten geeignet. Schließlich handelt es sich nicht um die Macht in Politik oder Wirtschaft, sondern um Macht als gesellschaftliches Phänomen.

»Macht ist Verändern-Können«, schreibt Popitz. »In diesem weiten Sinne des Verändern-Könnens ist die Geschichte menschlicher Macht die Geschichte menschlichen Handelns.«

»Können« bedeutet nicht »wollen«. Und die Frage ist berechtigt, ob die Macht des Journalisten darauf zielt, etwas zu verändern.

In den beiden genannten Fällen geht es den Journalisten in erster Linie darum, den Bürger zu informieren. Und zwar in dem Sinne der Aufklärung, wie sie Immanuel Kant definiert hat. Im Fall Hoeneß handelt daraufhin die Staatsanwaltschaft aus eigenem Antrieb, im Fall des DFB löst die vom *Spiegel* veröffentlichte Information einen Aufklärungsprozess innerhalb des DFB aus.

Schon höre ich den Kritiker hämisch rufen: »Aber das ist doch meistens anders. Nehmen Sie das Beispiel von Bundespräsident Christian Wulff. Da wollten die Medien mit aller Macht eine Veränderung, nämlich den Rücktritt des Bundespräsidenten, herbeischreiben.«

Darüber lässt sich trefflich streiten. Tatsächlich haben sich im Fall Wulff Medien und einzelne Journalisten mit den peinlichsten Kleinigkeiten aufgehalten. Allerdings zeigte die Affäre, wie ein arroganter Politiker stürzt, weil er meint, er habe die Macht, ihm unliebsame Veröffentlichungen zu verhindern. Am Ende hat die Staatsanwaltschaft in Hannover seinen Rücktritt herbeigeführt, denn erst als die Justizbehörden Ermittlungen aufnahmen, trat Wulff zurück. Aber ohne die Presse wäre es wahrscheinlich nicht dazu gekommen. Die Staatsanwaltschaft in Hannover hat sich die zum Teil hanebüchene und falsche Berichterstattung zu eigen gemacht, um das Verfahren eröffnen zu können. Mit dem für die Justiz peinlichen Ergebnis, dass die Vorwürfe nicht haltbar waren und Christian Wulff freigesprochen wurde.

Die Medien sind ein Teil der Öffentlichkeit, in der nicht nur Nachrichten gemeldet, Kritik geübt und Meinungen verbreitet werden. »Sie sind auch eine Arena«, wie der Philosoph Otfried Höffe schreibt, »in der um Einfluss und Macht gestritten wird …«

Öffentliche Kommunikation ist ein Teil der Kultur,

die wiederum eine wichtige Bedeutung für die Bildung und Ausformung von Werten hat. Denn Werte müssen erlernt werden, und das geschieht neben Aufklärung und Vorbildfunktion durch die Darstellung der Wirklichkeit oder vielmehr *einer* Wirklichkeit, sei es die vorgelebte oder die vorgeflimmerte.

Weil davon ausgegangen wird, dass die Wirkung der Medien, insbesondere die der Bilder einen erheblichen Einfluss auf die Gesellschaft hat, wächst der Ruf nach einer Medienethik.

Diese Forderung ist besonders laut geworden, nachdem sich Mitte der achtziger Jahre mit der Einführung des Privatfernsehens die Fernsehlandschaft in Deutschland erheblich verändert hat. Die Ausweitung der Massenmedien, auch durch das Internet, ist verantwortlich für eine veränderte Kommunikation, die auf den Bestand der Werte einen unglücklichen Einfluss hat. Man könnte von einer Art umgekehrter Kulturrevolution sprechen.

Denn hinter der Kulturvermittlung durch das private Fernsehen steht nicht mehr der Anspruch eines Bildungsauftrags, auf den sich bisher die öffentlich-rechtlichen Anstalten beriefen, sondern der materielle Gewinn. Um Gewinn zu machen, wird alles in Kauf genommen, auch der Appell an die niederen Instinkte des Menschen, die im Zaum zu halten doch

Aufgabe der ethischen Werte sein sollte. So entsteht ein Konflikt zwischen Ethik und Gewinn, der inzwischen auch denen unheimlich geworden ist, die die politische Verantwortung tragen.

Die Forderung nach ethischem Verhalten der Massenmedien ist eigentlich eine Banalität angesichts dessen, dass jeder Bürger die ethischen Regeln einer Gesellschaft zu befolgen hat und diese Verpflichtung freiwillig auf sich nimmt. Und da diejenigen, die in den Massenmedien arbeiten – Journalisten, Fotografen, Kameraleute und andere – Mitglieder einer ethisch regulierten Gesellschaft sind, gelten als Grundlage für ihr berufliches wie für ihr privates Handeln die gleichen Werte. In einer Demokratie ergibt sich daraus die Folgerung: Die Würde des Menschen ist auch in den Medien der Maßstab. Sie ist unantastbar.

»Sie zu achten und zu schützen ist Verpflichtung aller staatlichen Gewalt«, so schreibt es das Grundgesetz vor.

»Eine Verfassung, welche die Würde des Menschen in den Mittelpunkt ihres Wertesystems stellt, kann bei der Ordnung zwischenmenschlicher Beziehungen grundsätzlich niemandem Rechte an der Person eines anderen einräumen, die nicht zugleich pflichtgebunden sind und die Menschenwürde des anderen respektieren«, urteilte das Bundesverfassungsgericht über die unmittelbare Drittwirkung von Artikel I des Grundgesetzes für jeden Einzelnen. Weder der Tod noch unwürdiges Verhalten, weder eine Geisteskrankheit noch eine Verurteilung wegen schwerster Verbrechen, weder eine besondere Stellung in der Öffentlichkeit noch persönliche Eigenschaften können zur Würdelosigkeit eines Menschen führen. Demzufolge widerspricht es der Würde, den Menschen zum bloßen Nachrichtenobjekt zu machen.

Daraus leitet sich für die Arbeit eines jeden Journalisten auch eine Verantwortung gegenüber der Öffentlichkeit her.

Wer Macht hat, trägt Verantwortung

Die Verantwortung wird besonders von den Politikern als Machthabenden vehement eingefordert, und auch der Philosoph Hans Jonas ist der Ansicht, sie zu übernehmen sei eine Pflicht derjenigen, die Macht ausüben.

Mir ist bewusst, dass der Begriff »Pflicht« viele an Kadavergehorsam erinnert und an die dunklen Kapitel der deutschen Geschichte. Der Wachmann im Konzentrationslager erfüllte seine »Pflicht« und führte die Menschen in die Gaskammern. Darauf berief sich manch einer vor Gericht. Doch dieses blinde Ausführen von Befehlen ist nicht gemeint, wenn in der Ethik dieses Wort benutzt wird.

Pflicht ist ein Grundelement jeder Ethik, ohne sie kann keine Moral funktionieren. Wenn wir davon ausgehen, dass die Moral aus einer Summe von Werten und Handlungsrichtlinien besteht, die das gute Zusammenleben in einer Gemeinschaft zum Ziel haben, dann bedarf es mehrerer Elemente, um die theoretischen Vorstellungen dessen, was das Gute ist, in die Praxis umzusetzen. Es reicht jedenfalls nicht, pflichtschuldig zu handeln, ohne die vorhersehbaren Folgen in Betracht zu ziehen.

Eine Voraussetzung ist die Einsicht des Handelnden, dass die Werte, auf die sich eine Gesellschaft geeinigt hat, auch der Erkenntnis des Guten entsprechen. Wer zur Einsicht gelangt ist, dass die Handlungsvorgaben der Moral richtig sind, dem bleibt, wenn er vernünftig ist, nichts anderes übrig, als sich den entsprechenden moralischen Werten zu verpflichten. So wird aus der Pflicht die Selbstverpflichtung. Und die Pflicht, oder anders gesagt die Selbstverpflichtung, gilt es zu ergänzen um die Verantwortung.

Selbstverpflichtung und Verantwortung
in der Praxis

Unter Selbstverpflichtung versteht man, dass die handelnde Person vor dem jeweiligen moralischen Hintergrund freiwillig agiert. Allerdings folgt ihr freier Wille einem unbedingten Sollen, das möglicherweise ihren egoistischen Gefühlen widerspricht. Damit ist die Handlung zwar freiwillig, aber nur, weil sie der Einsicht in die Notwendigkeit der Moral folgt. Sie ist gleichzeitig ein Zwang, weil sie keine andere – vielleicht persönlich bevorzugte – Wahl zulässt, und somit ist sie in der Sprache der Ethik auch eine Pflicht.

Verantwortlich handelt, wer die gesellschaftlichen Regeln beachtet.

Der Soziologe Max Weber macht jedoch einen Unterschied zwischen der Gesinnungsethik »Tu Gutes, was auch immer dabei herauskommt« und der Verantwortungsethik »Handle nicht, ohne die Folgen deines Tuns für die Gesellschaft bedacht zu haben.«

Verantwortung bedeutet also, dass eine Person für ihr Tun einsteht und gegebenenfalls zur Rechenschaft gezogen wird: vom eigenen Gewissen, von den Mitmenschen, im Fall der Medien vom Deutschen Presserat oder gar von einem Gericht. So lautet auch der erste Satz in der Präambel zum Kodex des Deutschen Presserates:

»Die Achtung vor der Wahrheit, die Wahrung der Menschenwürde und die wahrhaftige Unterrichtung der Öffentlichkeit sind oberste Gebote der Presse.«

Meines Erachtens ergibt sich die Verantwortung eines Journalisten aus diesem Leitsatz, und die wichtigste Regel liegt, wie anfangs erwähnt, in der Forderung, die Menschenwürde zu achten.

Von der Verletzung der Menschenwürde können unterschiedliche Seiten betroffen sein. Zum einen gibt es da die Würde des Zuschauers, des Mediennutzers, zum andern die Würde desjenigen, über den berichtet wird.

Zur Veranschaulichung will ich ein Beispiel aus dem journalistischen Alltag bringen. Wenn wir bei den *Tagesthemen* darüber diskutiert haben, ob wir – aus Respekt vor der Menschenwürde – in einen Bericht eingreifen sollten oder nicht, stand stets im Vordergrund, ob die Nachricht, die transportiert werden sollte, durch den Eingriff der Redaktion womöglich abgeschwächt würde.

Während des Bürgerkriegs in Bosnien kam es immer wieder zu Massakern, und zwar auf allen Seiten. Der Prozess der Berichterstattung erfolgt im Allgemeinen folgendermaßen: Der Korrespondent der Fernsehanstalt berichtet über ein solches Massaker. Das Bildmaterial, das er uns überspielt, hat er mit seinem eigenen Kamerateam gedreht. Die Voraussetzung der »wahrhaftigen Unterrichtung der Öffentlichkeit«, wie es der Pressekodex fordert, ist also erfüllt. Das zu wissen ist für die Redaktion ausschlaggebend. Denn die Erfahrung lehrt, dass besonders in Kriegszeiten unendlich viel Filmmaterial angeboten wird, dessen Herkunft nicht bekannt ist, weshalb niemand belegen kann, ob die dargestellten Vorfälle auch der Wirklichkeit entsprechen. Da sind der Manipulation keine Grenzen gesetzt.

In dem beschriebenen Fall war sich die Redaktion einig, dass es wichtig ist, über diesen schrecklichen Vorfall in Bosnien zu berichten. Die Bilder zeigten eine Trauergemeinde am Friedhof. Dutzende Särge waren aufgebahrt. Die Deckel waren noch nicht auf die Holzkisten gelegt, damit man einen letzten Blick auf die Toten werfen konnte.

Dann zoomte die Kamera auf den Kopf eines der toten Männer, und man erkannte, dass die Augen herausgeschnitten worden waren.

Ein Bild des Schreckens.

In diesem Moment entschied die Redaktion sofort: Dieses Bild dürfen wir nicht freigeben. Es reicht vollkommen aus, wenn wir den Bericht über die Beerdigung senden. Damit transportieren wir die Information über das Massaker. Der Zoom auf das verstümmelte Gesicht des Ermordeten würde jedoch nicht nur die Würde des Toten verletzen, sondern auch die des Zuschauers, der – unvorbereitet, wie er ist – von einem solchen Anblick über die Maßen erschreckt würde.

Nicht immer sind die Entscheidungen der Redaktion so einhellig. In einem Beitrag zum Zugunglück von Bad Aibling im Februar 2016 zeigte die *Tagesschau* den Ausschnitt aus einem Handy-Video eines Fahrgastes, das im Internet zirkulierte. Zu sehen war das Innere eines zerstörten Wagens kurz nach dem Unglück.

In besagtem Ausschnitt waren keine Opfer des Unglücks zu sehen und auch nur Bruchteile der Zerstörung, dennoch wurde die ARD-Nachrichtensendung – besonders im Internet – heftig angegriffen.

»Der Informationsgehalt geht gegen null«, klagt ein User, und ein anderer meint: »Solch ein Video befriedigt nur die Sensationslust der Zuschauer.«

Den Entscheidungsprozess verteidigte Kai Gniffke, Chefredakteur von *ARD-aktuell* anschließend so:

»Mein erster Impuls war ›Geht gar nicht‹, das sollten wir den Leuten nicht zumuten.« Und dann habe er sich die Frage gestellt, ob das Video authentisch sei: »Stammt es von heute? Zeigt es das Unglück von Bad Aibling? Kann es eine Fälschung sein? Unser Verifikationsteam hat die Quelle und den Inhalt geprüft, sodass wir sicher davon ausgehen, dass es sich um das handelt, was es zu sein vorgibt. Also bleibt die Frage für uns ›Zeigen oder nicht zeigen‹?

Sehr schnell herrschte in der Redaktion Einigkeit, dass wir die Verletzten nicht zeigen, die in dieser traumatisierten Situation gefilmt wurden. Auch ihr Weinen, ihr Stöhnen und ihre Hilferufe wollten wir auf keinen Fall dokumentieren, und zwar aus Respekt vor den Opfern. Außerdem würde es mit Sicherheit viele Zuschauer verstören, die nicht schnell genug an die Fernbedienung kämen. Auf der anderen Seite warf das Video einen authentischen Blick auf das Unglücksgeschehen. Wir zeigten ja schließlich auch die Rettungsarbeiten, die Bergung der Verletzten und den Zug von außen. Deshalb kam ich am Ende zu dem Ergebnis, dass dieses Bildmaterial unsere Berichterstattung ergänzte und dass wir doch darauf zurückgreifen sollten. Aber wir taten es so verantwortungsbewusst, wie wir konnten. Wir sendeten nur eine Sequenz ohne Bilder von Verletzten und ohne Ton.

Sie mögen einwenden, das sei ein halbherziger Kompromiss. Ein Kompromiss vielleicht, aber einer, der dem journalistischen Informationsauftrag ebenso gerecht wird wie dem Respekt gegenüber den Opfern – und den Zuschauern. In der *Tagesschau* hatten wir die Bilder am Anfang unseres Aufmachers, auf *tagesschau.de* haben wir eine Auswahl aus dem Rohmaterial getroffen.«

Die Entscheidung der Redaktion ist nicht leichtfertig gefallen, die Argumente von Kai Gniffke sind nachvollziehbar. Und mit ähnlichen Argumenten verteidigte auch der verantwortliche Redakteur der Medienseite der *Frankfurter Allgemeinen Zeitung*, Michael Hanfeld, die Ausstrahlung des Videos.

Ich selbst bin ein wenig zögerlicher. Wahrscheinlich hätte ich mich aus grundsätzlichen Überlegungen gegen eine Ausstrahlung des Handy-Videos entschieden.

Es gibt immer wieder Fälle, die nahelegen, dass eine Redaktion der Sensation den Vorrang gegeben hat. In einer der *heute*-Sendungen um 19 Uhr lief ein Bericht über einen Bankraub in Los Angeles. Es verwunderte mich ein wenig, weil wir schließlich auch nicht über jeden Bankraub in Deutschland berichten. Aber dort wurde nun also ein Beitrag über einen Bankraub in Los Angeles gezeigt. Warum? Weil es davon dramatische Bilder gab. Über Los Angeles kreisen häufig Hubschrauber mit Kameraleuten an Bord, die immer sofort an Ort und Stelle sind, weil sie den Polizeifunk hören. In diesem Fall hat der Kameramann offensichtlich mitbekommen, dass dort unten gerade ein Überfall auf eine Bank stattfindet. Er fliegt zum Schauplatz. Die Kamera läuft. Wir sehen, wie der Bankräuber aus der Bank herausrennt und in sein Auto springt, Polizeiautos hinterher, Verfolgungsjagd. Die Polizisten stellen den Gangster auf einem Parkplatz. Dort kommt es zu einer Schießerei, bei der der Gangster getötet wird. Das alles wird im Bild gezeigt, nach dem Motto 1:30 (die übliche Länge eines Nachrichtenfilms beträgt eine Minute und dreißig Sekunden. Entsprechend hat sich der Spruch eingebürgert: Ist der Korrespondent auch noch so fleißig, es bleibt eins dreißig).

Meines Erachtens darf solch ein Bericht nicht gesendet werden. Das ist reiner Voyeurismus. Es gibt nicht einen Grund, diesen Vorfall zu melden, denn deutsche Zuschauer haben keinen Erkenntnisgewinn davon. Zumindest nicht im Sinne der Aufklärung, allenfalls in der Befriedigung ihrer Sensationsgier.

Warum die Macht des Bildes
immer wieder verführt

Leider gibt es zu wenige Redaktionen, die journalistisch eingreifen und beispielsweise eine Einstellung von einem sterbenden Menschen aus einem Bericht nehmen, weil diese Darstellung die Würde des Menschen verletzt, ohne den Nachrichtenwert zu steigern. Der kritische Journalismus weicht zunehmend dem Betroffenheitsjournalismus. Nicht der Inhalt der journalistischen Arbeit ist bedeutend, sondern die emotional vermittelte Betroffenheit, die Bilder beim Leser oder Zuschauer auslösen können. In einem solchen Moment ist nicht mehr das gedruckte Wort wesentlich, sondern das sensationelle Bild.

In der Betroffenheit liegt der Kern der Macht, die vom Journalismus ausgehen kann.

Im Januar 2016 gingen Bilder des chinesischen Konzeptkünstlers Ai Weiwei durch die Weltpresse. Man sah ihn an einem steinigen Meeresstrand liegen, als hätten die Wellen ihn angeschwemmt. Er imitierte damit ein Bild, das Ende 2015 in fast allen Medien der Welt gezeigt worden war. Darauf ein vierjähriger Junge, der auf der Überfahrt von der Türkei auf eine griechische Insel ertrunken war und nun am Strand lag, als würde er schlafen. Ein trügerisch friedliches Bild. Jeder, der es sah, war zutiefst betroffen.

Ai Weiweis Aktion führte zu der Debatte, ob er hier nicht ein Bild, das einen schlimmen Vorfall dokumentierte, missbrauche. Ich fand seinen Auftritt äußerst peinlich, monomanisch und egozentrisch. Aber er wurde von denen verteidigt, die den »Kunstvorbehalt« als Argument anführten. Für die Kunst gilt meines Erachtens jedoch ebenfalls die Verpflichtung, die Würde des Menschen zu achten.

Schon nachdem das Bild des toten Jungen verbreitet worden war, fragten sich viele Journalisten, ob die Veröffentlichung nicht den Voyeurismus bediene, aber fast alle waren sich einig: Die Betroffenheit, die von dem Bild des Toten ausging, diente der Aufklärung. Zwar wurden täglich Zahlen von Ertrunkenen bekannt gegeben, doch sie wirkten abstrakt. Im Bild des vermeintlich schlafenden Jungen wurde das Leid der Flüchtlinge konkret.

Hätte jemand die Aufnahme nach ästhetischen Kriterien beurteilt und gesagt, es sei »ein schönes Bild«, dann wäre die Nachricht des Fotos verloren gegangen und das Foto bedeutungslos.

Durch dieses Bild wurde deutlich, wie gefährlich es war, über das Meer zu fliehen, welche Risiken Menschen eingingen, um zu überleben. Die Betroffenheit löste bei vielen Verständnis für die Flüchtlinge aus.

Die französische Tageszeitung *Le Monde* veröffentlichte einige Wochen später auf der Titelseite weitere Fotos von Ertrunkenen. Unter anderem das eines Mannes, der den Leichnam eines kleinen Jungen wegtrug, indem er ihn am Hosenbund festhielt. Hier handelte es sich nicht mehr um einen anscheinend schlafenden Jungen am Strand, sondern unmissverständlich um einen toten. Die Redaktion versicherte, man habe sich äußerst bewusst für den Abdruck entschieden. Nur wenn man weitere Bilder des Schreckens zeige, werde die Dringlichkeit eines gemeinsamen politischen Handelns unterstrichen.

Wer über das Bild verfügt, hat die Macht

Wenn irgendwo in der Welt ein Unglück passiert, erleben wir es immer wieder: Es werden Bilder davon gezeigt. Sie berühren den Zuschauer mit großer Wahrscheinlichkeit, und er ist womöglich eher bereit, zu spenden. Ob das Erdbeben in Haiti oder der Tsunami in Südostasien – es waren zu einem großen Teil die Bilder, auf die wir reagiert haben und die eine Welle der Hilfsbereitschaft ausgelöst haben.

Es gibt Aufnahmen von besonders schrecklichen Vorfällen, die der Öffentlichkeit besser vorenthalten werden sollten. Dennoch finden sich leider immer wieder Medien, die sie für hohe Summen kaufen, in der Hoffnung, damit viel Geld zu verdienen.

Das englische Boulevardblatt *Daily Mail* stellte nach den Terroranschlägen in Paris am 13. November 2015 ein Video ins Internet, das von einer Überwachungskamera aufgenommen worden war. Darauf zu sehen die Terrasse der Pizzeria Casa Nostra, wo fünf Menschen von den Terroristen erschossen wurden. Die Polizei hatte die Aufnahmen chiffriert, aber nicht beschlagnahmt. Der Besitzer der Pizzeria ließ die Bilder von einem Hacker wiederherstellen und verkaufte sie für 50000 Euro an die Reporter von der *Daily Mail*.

Das Heischen nach Sensationen um jeden Preis ist die widerwärtige Seite der Medien.

Auch die politische Wirkung von Bildern darf nicht unterschätzt werden. Anfang der neunziger Jahre wurden nach einem UNO-Beschluss amerikanische und auch deutsche Truppen in Somalia eingesetzt. Eine einzige Filmszene hat dazu geführt, dass die Amerikaner schließlich wieder abzogen: triumphierende Rebellen, die den Leichnam eines amerikanischen Soldaten hinter einem Jeep durch die Straßen ziehen. In der Folge stellten sich die amerikanischen Wähler offenbar die Frage nach dem Sinn eines Einsatzes, der zu solchen Schreckenstaten führt. Und die Politik handelte entsprechend.

Die Macht der Bilder auf die Politik ist also groß.

Der Bürgerkrieg in Syrien erinnert mich an ein ganz konkretes Beispiel zum Thema. Der Regierung von Diktator Baschar al-Assad wurde vorgeworfen, sie setze chemische Waffen gegen die Aufständischen ein. US-Präsident Barack Obama machte unmissverständlich klar, dass mit dem Einsatz chemischer Waffen eine rote Linie überschritten sei.

Darauf lieferte Assad angeblich all seine chemischen Waffen an die USA, damit sie vernichtet würden. Frankreich und die USA drohten mit einem Militärschlag, sollte Assad weiterhin chemische Waffen einsetzen.

Tatsächlich behauptete man, Assad hätte seinen Beteuerungen zum Trotz ein weiteres Mal chemische Waffen eingesetzt. Aber Obama schreckte, sehr zur Enttäuschung des französischen Präsidenten François Hollande, vor dem angedrohten Schlag zurück. Umfragen hatten gezeigt, dass die amerikanische Bevölkerung entschieden dagegen war.

Wie Bilder Umfragewerte ganz schnell verändern können – und in der Folge auch die Politik –, das belegt auch ein Beispiel aus der Zeit des Bürgerkriegs in Bosnien.

Anfang Februar 1994 wurde Sarajevo täglich von bosnischen Serben beschossen. Die UNO-Blauhelme zeigten sich hilflos, die Verhandlungen waren zum Stillstand gekommen, es lief nichts mehr, wie man so sagt. Einige Monate zuvor hatte der amerikanische Außenminister Warren Christopher erzürnt gemahnt, die Außenpolitik der USA dürfe nicht vom Fernsehen gemacht werden. Die US-Regierung hielt sich im Bosnienkonflikt zurück.

Die Europäer hätten einen kohärenten Plan vorgelegt, so der damalige französische Außenminister Alain Juppé, aber die Russen trieben die Serben zur Unnachgiebigkeit, und die Amerikaner hielten die Muslime nicht davon ab, den Krieg fortzusetzen. Warren Christopher reagiere nicht auf den europäischen Vorschlag, die Muslime zur Annahme der westlichen Friedenspläne zu bewegen.

Juppé: »Christopher wollte nicht den mindesten Druck ausüben, und er blieb taub gegenüber meinem Argument, dass nach einem Abzug der UN-Sicherheitstruppen die Amerikaner mit ihren Versprechungen an die Muslime allein dastünden.«

Das Verhalten der US-Regierung spiegelte die Umfragen bei den Wählern wider, denen zufolge fünfundsechzig Prozent der Amerikaner meinten, ihr Land solle sich aus dem Konflikt in Bosnien-Herzegowina heraushalten. Doch mit einem Mal entfaltete die durch grausame Bilder entfachte Betroffenheit ihre Macht. An einem Samstag gegen 15 Uhr – ich erinnere mich sehr genau, weil ich an dem Tag in der Redaktion war – piepten überall in den Redaktionen die Nachrichtenmonitore. Eine Eilmeldung berichtete von einem Blutbad auf dem Markt von Sarajevo. Nach dem Einschlag einer Granate starben um die achtzig Menschen, Hunderte wurden verletzt. Kurz darauf überspielte man die ersten grauenvollen Bilder. An diesem Nachmittag nahm der amerikanische Verteidigungsminister William Perry an der Wehrkundetagung, die heute Sicherheitskonferenz heißt, in München teil. Von dem Blutbad unterrichtet, meinte er vorsichtig, falls andere Druckmittel nicht ausreichten, stünden stärkere Maßnahmen zur Debatte. Dagegen forderte der belgische Außenminister Willy Claes sofortige Luftangriffe gegen serbische Positionen rund um Sarajevo. Es sei unsere moralische Pflicht, eine Grenze zu setzen und den Serben klar zu zeigen, dass sie zu weit gingen.

An diesem Tag zeigte man die Bilder in den Nachrichtensendungen überall auf der Welt. Kaum hatte der französische Außenminister Alain Juppé sie in den Abendnachrichten in Frankreich gesehen, griff er zum Telefon und rief den deutschen Außenminister Klaus Kinkel an: »Wir müssen etwas machen«, forderte er ihn auf. Und Klaus Kinkel sagte: Jawohl. Er hatte die Nachrichten ebenfalls gesehen. Daraufhin telefonierte Alain Juppé mit dem US-Außenminister Warren Christopher: Die NATO müsse nach diesem Massaker dafür sorgen, dass die Belagerung von Sarajevo aufgehoben würde. Juppé unterbreitete dem US-Außenminister den Vorschlag eines zehntägigen Ultimatums an die Serben. Christopher schlug jedoch einen Vergeltungsschlag gegen die serbische Artillerie vor. Wegen der Zeitverschiebung liefen die grausamen Bilder in den amerikanischen Fernsehnachrichten erst sechs Stunden später. Schon am nächsten Morgen, nicht einmal vierundzwanzig Stunden, nachdem die Fernsehbilder über die zerfetzten Leichen, die stöhnenden Verletzten, das Blut auf dem Marktplatz von Sarajevo in den USA gesendet wurden, machte *ABC News* eine neue Umfrage. Sie ergab, dass in den USA das Meinungsbild sofort nach der Ausstrahlung der schrecklichen Bilder umgeschlagen war. Jetzt befürworteten sechzig Prozent der Bevölkerung Luftangriffe der US-Air Force und der Europäer. Daraufhin konnte die amerikanische Regierung ohne Probleme ihren bis dahin gefahrenen Kurs ändern.

Bis heute ist allerdings nicht geklärt, wer die Granate abgeschossen hat. Es wurde zwar eine Kommission eingesetzt, die das untersuchen sollte, aber niemand weiß – oder zumindest hat die Kommission es nie bekannt gegeben –, ob diese Granate tatsächlich von Serben abgeschossen worden ist. Demnach ist die Reaktion der Politiker darauf ausgesprochen fragwürdig.

Die Verantwortung des Journalisten

Das Beispiel macht einmal mehr deutlich, dass sich aus der Macht des Mediums eine besondere Verantwortung für den Journalisten ergibt. Eine von den Medien initiierte Aufregung kann allerdings so heftig ausfallen, dass die Lawine der politischen Reaktionen nicht mehr aufzuhalten ist.

Wahrscheinlich erinnern sich viele noch an die Ölplattform *Brent Spar*. Das war 1995. Die Ölplattform *Brent Spar* sollte im Nordatlantik versenkt werden. Diese Ölplattform gehörte zu fünfzig Prozent der Firma Shell, zu fünfzig Prozent der Firma Esso.

Nun begann Greenpeace eine Kampagne gegen Shell, in der sie dem Unternehmen unterstellte, es würde mit dieser Ölplattform Tonnen giftigen Schlamms versenken. Die Medien haben die Argumente von Greenpeace übernommen, und in ganz Deutschland begann eine Boykottkampagne gegen Shell. Nicht gegen Esso.

Die damalige Umweltministerin Angela Merkel schrieb einen langen Drohbrief an ihren englischen Kollegen und sagte, die britische Regierung solle alles tun, um zu verhindern, dass diese Ölplattform im Nordatlantik versenkt werde. Ja, der Druck durch die Medien wurde in Deutschland so groß, dass sich auch der damalige Bundeskanzler Helmut Kohl an die britische Regierung wandte. Mit dem Ergebnis, dass *Brent Spar* nicht versenkt wurde. Stattdessen beschloss man, sie nach Norwegen zurückzuschleppen und sie dort in Stücke zu zerlegen.

Einige Wochen später hat man festgestellt, dass die Behauptung, mit der Ölplattform würde giftiger Schlamm versenkt, falsch war. Das heißt: Die ganze Kampagne basierte auf einer Behauptung, die sich als verkehrt herausstellte. Trotzdem wurde einige Monate später von fünfzehn Ländern der Beschluss gefasst, dass Ölplattformen zukünftig nicht im Nordatlantik versenkt werden dürften.

Was bedeutet das? Journalisten folgen gerne schnell dem, was sensationell zu sein verspricht. Zwar scheint der Bericht über eine hochgegangene Bombe im Irak zunächst einmal einen politischen Hintergrund zu haben. Die Medien verzichten aber darauf, zu überlegen, welchen Wissensgewinn der deutsche Fernsehzuschauer davon hat, wenn er erfährt, dass in einem Ort, den er in der Regel sowieso nicht kennt, eine Bombe explodiert ist.

Ich behaupte: Das ist kein Wissensgewinn. Ich hatte eine Auseinandersetzung mit Kollegen von *ARD-aktuell*, als ich schon längst nicht mehr für die ARD gearbeitet habe. In einem Artikel habe ich kritisiert, dass weder in der *Tagesschau* noch in den *Tagesthemen*, aber auch nicht in *heute* oder im *heute journal* nach der Regierungsbildung das gesamte Kabinett vorgestellt wurde. Es wurde auch keine Sondersendung ins Programm genommen. An anderer Stelle mokierte ich mich darüber, dass an einem Sonntag die *Tagesschau* um 20 Uhr nicht mit der Nachricht begann, dass die FDP den Koalitionsvertrag genehmigt hat, sondern mit der über einen Bombenanschlag in Bagdad. Die Antwort darauf lautete, dass es doch das größte Attentat seit zwei Jahren gewesen sei. Doch welchen Gewinn haben wir, wenn wir das wissen, wo wir doch in seltenen Fällen Ahnung haben, wer da gegen wen Anschläge verübt? Wenn wir aber darüber informiert werden, dass die FDP den Koalitionsvertrag unterschrieben hat, dann hat das etwas mit uns zu tun, weil wir uns ausrechnen können, was das für unser Leben in den nächsten vier Jahren bedeutet.

Zur Verantwortung gehört auch, dass Journalisten Nachrichten einordnen, auswählen und so transportieren, dass sie Orientierung geben.

Wie die Politik die Macht der Medien für sich nutzt

Von Bundeskanzler Gerhard Schröder stammt der Satz: »Zum Regieren brauche ich *Bild, BamS (Bild am Sonntag)* und Glotze.« Damit drückte der Regierungschef aus, welch große Bedeutung er den Massenmedien zuschrieb.

Im Alltagsgeschäft geht es darum, immer wieder aufzufallen. In der deutschen Politik ist es modern geworden, der Presse vermeintlich witzige Aussagen auf Plakaten vorzustellen, die dann abgelichtet und in allen Medien gezeigt werden – womit die jeweilige Partei sich das Plakatieren erspart. Doch hat nicht jeder Glück mit seinem Plakat. Statt in der Rentenfrage den Mut zu einer grundsätzlichen Auseinandersetzung zu haben über Fragen der Solidarität in der Gesellschaft und über den Generationenvertrag, stellte der ehemalige CDU-Generalsekretär Laurenz Meyer vor einigen Jahren ein Plakat vor, auf dem Bundeskanzler Gerhard Schröder wie in einer Verbrecherkartei abgebildet war. Meyer hatte in dem Moment verloren, in dem sich selbst CDU-Politiker öffentlich gegen dieses Plakat wandten. Doch trotz politischer Prügel blieb Meyer bei seiner Meinung, dass in einer Mediendemokratie nicht anders Politik gemacht werden könne.

Man kann hier von der »Entfesselung der Begierden« sprechen. In der Berichterstattung – so Laurenz Meyer – regierten Sensationalisierung, Negativierung, Skandalisierung und Ritualisierung; alles müsse greller und geiler werden. Man könnte ihm vorwerfen, dass er selber mitmacht und damit die Sensationalisierung fördert. Aber er glaubt, sich dem nicht entziehen zu können. Zitat: »Denn natürlich brauchen wir die Medien zur Vermittlung, aber versuchen Sie doch mal, eine differenzierte Meinung in dreizehn oder fünfzehn Sekunden darzulegen.« Die weitverbreitete Meinung lautet: »Politiker müssen ins Fernsehen; was nicht im Fernsehen ist, ist nicht mehr.«

Der Erfolg lässt sich messen – selbst der eines umstrittenen Plakats wie das mit dem Schröder-Verbrecherbild. Meyer gibt an, das Schröder-Plakat habe ihm fünfzehn bis zwanzig zusätzliche Interviews beschert. Und dort hätte er dann über die Schwächen der von der Regierung geplanten Rentenreform sprechen können.

Journalisten müssen solche Mätzchen nicht mitmachen, und Politiker sollten sie nicht nötig haben. Aber offenbar wachsen immer mehr Politiker heran, die selbst ganz und gar orientierungslos sind, die keine Visionen haben und mit dem politischen Gewerbe so verstrickt sind, dass sie nur noch nach der richtigen »Verkaufe« schielen, die notwendige Grundsatzdebatte über die allgemeinen Sittengesetze jedoch meiden. Vielleicht, weil ihnen die Inhalte selber fremd sind.

Ich wiederhole: Politik nutzt die Macht der Medien für ihre Zwecke aus. In der Auseinandersetzung um den Flüchtlingsstrom nach Deutschland forderten CDU-Politiker wie der baden-württembergische CDU-Spitzenkandidat Guido Wolf, Bilder von Abschiebungen zu veröffentlichen. Denn damit könne unter potenziellen Flüchtlingen, die vorhätten, nach Deutschland zu kommen, schon in ihrem Heimatland eine abschreckende Wirkung erzielt werden.

Weil er in der Veröffentlichung der Bilder von Abgeschobenen einen Verstoß gegen die Würde des Menschen sieht, kritisierte Niklas Maak, Journalist bei der *Frankfurter Allgemeinen Zeitung*, dieses Ansinnen und stellte die Frage, »wie es moralisch mit den hiesigen, gern beschworenen christlichen Werten zu vereinen ist, Menschen im Moment einer wie auch immer berechtigten Abschiebung als Verzweifelte zu zeigen, bloß um andere abzuschrecken«.

Tatsächlich veröffentlichte die *Bild*-Zeitung einige Zeit später auf Seite zwei große Fotos von Flüchtlingen, die ausgewiesen wurden. Die Fotos waren erkennbar mit deren Einverständnis aufgenommen worden. Auch auf t-online war ein Foto von Abgeschobenen zu sehen – allerdings nur aus der Ferne und von hinten aufgenommen –, als sie in ein Flugzeug einstiegen. Diese Bilder erzeugen sicherlich nicht die abschreckende Wirkung, die sich der CDU-Politiker Guido Wolf erhofft.

Keiner der Abgeschobenen wurde als »Verzweifelter« gezeigt, während unzählige Bilder von verzweifelten Flüchtlingen, die etwa über ertrunkene Familienmitglieder klagen, auf »allen Kanälen« zu sehen waren. Da müssen wir uns fragen, ob es moralisch erlaubt ist, deren Not zu zeigen, die der Abgeschobenen aber nicht.

Gehen wir zunächst den Gründen nach, weshalb in beiden Fällen Bilder entstehen. Zum einen sollen sie dazu dienen, Tatsachen zu belegen. Mehr als hunderttausend Asylanträge sind in Deutschland abgelehnt worden, ohne dass die Betroffenen abgeschoben wurden, obwohl das Gesetz es so vorsieht. Nun belegen die Bilder der Abgeschobenen, dass zumindest einige die Rückreise antreten müssen.

Im anderen Fall zeigen sie Hunderttausende Menschen, die vor großer Not flüchten. Die Bilder belegen, dass es um Leben und Tod geht. Sie suggerieren, dass Hilfe dringend geboten ist. Das Leiden der Flüchtlinge soll den Betrachter solidarisch stimmen und an sein Gewissen appellieren.

Objektiv betrachtet wird die Menschenwürde der Flüchtlinge durch die Aufnahmen stärker in Mitleidenschaft gezogen als die der fotografierten Abgeschobenen. Führen wir uns nur die Aufnahmen des trauernden Vaters des vierjährigen Aylan vor Augen, des syrischen Kindes, das im September im Mittelmeer ertrunken ist.

Zu welchem Zweck zeigt man solch aufwühlende Bilder des Schreckens und des Leidens anderer?

»Um Empörung zu wecken? Damit wir uns ›schlecht‹ fühlen; das heißt, um uns zu erschrecken oder zu betrüben?«, fragt Susan Sontag in ihrem Essay »Das Leiden anderer betrachten«. Und sie fährt fort: »Werden wir zu besseren Menschen, indem wir diese Bilder betrachten? Können sie uns überhaupt etwas lehren?«

Hier erleben wir ein grundsätzliches Dilemma des Journalisten. Der Konflikt besteht darin, welches Thema er zur Berichterstattung bewusst wählt und welches er genauso bewusst übersieht.

Journalismus soll also:

- aufklären und informieren
- Orientierung geben
- kritisieren und aufdecken
- die politische Debatte fördern

und bei alldem die Würde des Menschen achten.

Warum die Berichterstattung über positive Ereignisse oft zu kurz kommt

Eine kluge, gebildete Frau, die gesellschaftspolitisch sehr aktiv ist und ein Krankenhaus in Indien aktiv unterstützt, antwortete mir auf die Frage, welche Tageszeitung sie lese: »Ich habe sie abbestellt. Ich konnte all das Leid der Welt, über das da ausschließlich berichtet wird und das in meinem täglichen Leben überhaupt nicht vorkommt, nicht mehr ertragen.«

Immer wieder bin ich von Zuschauern ermuntert worden: »Könnt ihr nicht mal eine Sendung mit nur guten Nachrichten machen?« Und ich habe meist darauf geantwortet: »Dann würden Sie sicher bald ausschalten.«

Es ist schließlich keine Nachricht, wenn ein Hund einen Postboten beißt, aber es wird sofort eine Schlagzeile, wenn ein Postbote einen Hund beißt.

Leider führt diese Einstellung dazu, dass wichtige Bereiche der gesellschaftlichen Entwicklung in der Berichterstattung nicht vorkommen.

In der Bundesrepublik wohnen inzwischen etwa drei Millionen Russlanddeutsche. Sie haben eine eigene Lebenskultur entwickelt, kaufen in Läden ein, die russische Produkte führen, und fühlen sich nicht völlig integriert. Ausführlich wurde darüber erst geschrieben, als gut zehntausend Russlanddeutsche in verschiedenen Städten der Bundesrepublik demonstrierten, weil der russische Außenminister Sergej Lawrow, wie im letzten Kapitel erwähnt, öffentlich die falsche Beschuldigung aufstellte, die deutsche Justiz, Polizei und Presse würden bewusst die Entführung und Vergewaltigung eines russischen Mädchens verschweigen.

Auch hier hat erst ein Skandal dafür gesorgt, dass die Gemeinde der Russlanddeutschen von den Medien wahrgenommen wurde.

Unternehmer spielen eine herausragende Rolle in jeder Gesellschaft. Und zwar eine positive. Sie haben eine Idee, sie versuchen sie umzusetzen und werden dadurch zum Motor. Durch ihr Wirken erhalten andere Arbeit, durch den von ihrem Unternehmen erwirtschafteten Gewinn bewegt sich der Geldkreislauf, Arbeiter können Lebensmittel kaufen, Haushaltsgeräte, Kleidung oder ein Auto. Die dadurch anfallenden Steuern helfen dem Staat, seine gesellschaftlichen Aufgaben zu finanzieren.

In Deutschland aber gilt das weitverbreitete Urteil, dass es Unternehmern unmöglich ist, sich ethisch zu verhalten. Gut im Sinne ethischer Werte zu handeln verbiete ihnen der Konkurrenzdruck. Und dieses Denken bestimmt einen großen Teil der Berichterstattung.

Doch woher kommen diese Vorstellungen?

Sie entspringen den Denkschemata der deutschen Gesellschaft. Schüler werden damit schon im Unterricht konfrontiert. Tatsächlich wird in

Schulbüchern die Wirtschaftswelt äußerst negativ beschrieben und mit Begriffen wie Egoismus, Gewinnstreben, Arbeitslosigkeit und Umweltzerstörung verbunden.

In Deutschland gibt es die ganze Bandbreite antikapitalistischer Vorurteile. »Der fette Reiche« mit einer Blume im Mund wird einem schwitzenden Arbeiter gegenübergestellt. Unternehmer und Reiche arbeiten nicht, sondern besitzen nur. In der Karikatur freut sich der Kapitalist, dass die EU-Beitrittsländer ihm helfen, deutsche Sozialstandards abzuschaffen. Unternehmer stehen im Zusammenhang mit Kinderarbeit, Müllbergen, Internetsucht, Alkoholismus, ungerechten Löhnen und Arbeitslosigkeit. Das Bild des Unternehmers entspricht den Vorurteilen jedoch nicht. Es sind nicht die horrenden Managergehälter, die unsere Wirtschaft bestimmen, sondern das häufig sehr soziale Verhalten der Eigentümer von mittelständischen Betrieben. Und die machen achtzig Prozent der deutschen Wirtschaftskraft aus! Darüber steht aber höchstens die eine oder andere Meldung in der Lokalzeitung des Ortes, an dem das jeweilige Unternehmen produziert.

Ganz anders denkt man in den USA. Unternehmer haben das Land und seine Wirtschaft aufgebaut.

Dort hört man oft: »Der Unternehmer ist willkommen als jemand, der Risiken eingeht und sein Geld und Talent dafür einsetzt, neue Unternehmungen in Gang zu setzen.«

Der oben erwähnten Forderung, in den Medien öfter positive Nachrichten zu verbreiten, steht die Haltung vieler Journalisten entgegen. Sie orientieren sich eher an der etwas zynischen Redewendung »only bad news are good news« und handeln nach diesem Motto, als sei es eine Grundregel des Journalismus. Aber darin irren sie. Ich bin der Meinung, dass auch positive Meldungen verpflichtend in der Berichterstattung sein können.

Als Beispiel sei die Einführung der Lkw-Maut genannt. Zunächst haben wir bei den *Tagesthemen* sehr ausführlich darüber berichtet, dass die Einrichtung der Lkw-Maut für deutsche Autobahnen nicht vorankam. Dafür wurde die Regierung und besonders die speziell gegründete Firma Toll Collect heftig kritisiert. Statt am 31. August 2003 trat die Regelung erst am 1. Januar 2005 in Kraft. Dieser Tag war ein Samstag. Also begann der richtige Betrieb erst am Sonntag Abend ab 22 Uhr, sobald das Wochenendfahrverbot endete. Ich schlug deshalb vor, dass wir in den *Tagesthemen*, die zeitlich später liefen, zu einer

Mautstelle schalten sollten, um darüber zu berichten, ob nun alles reibungslos funktioniere. Die Reaktion in der Redaktion war: »Das klappt doch jetzt. Was gibt es dann darüber zu berichten?« Ich blieb bei meiner Meinung: »Wenn es jetzt funktioniert, dann ist es eine Meldung, schließlich haben wir über mehr als anderthalb Jahre kritisiert, dass die Technik nicht funktioniert.« Am Ende haben wir die gute Nachricht dann doch verbreitet.

Gute Nachrichten zu verbreiten kann wirtschaftlich erfolgreich sein.

Der Chefredakteur der Wochenzeitung *Die Zeit*, Giovanni di Lorenzo, gilt als der erfolgreichste Blattmacher in Deutschland. Während alle anderen Printprodukte in der Auflage sinken, hat er die Auflage seines Blattes erheblich gesteigert. Di Lorenzo: »Eine Lese-Erfahrung, die Woche für Woche daraus besteht, zu erfahren, wie schlecht die Welt ist, sodass man am Ende nur noch die Decke über den Kopf ziehen möchte, scheint mir eine eher masochistische Veranstaltung zu sein.«

Es lohnt sich deshalb, darüber nachzudenken, ob es nicht sinnvoll sein kann, positiver Berichterstattung einen größeren Raum zu widmen. Seit zwei Jahren berichtet das Online-Magazin *Good Impact* über Lösungen für gesellschaftliche Herausforderungen und bekennt sich zum Optimismus. Dort erscheint auch eine *Forbes*-Liste »30 unter 30«, aber es sind keine Internet-Milliardäre, sondern die wichtigsten Sozialunternehmer ihrer Generation.

Journalismus und Sprache

Orientierung geben bedeutet nicht nur, die richtigen Themen auszuwählen, sondern auch die Sprache bewusst einzusetzen.

Nach dem Dritten Reich haben sich die Deutschen angewöhnt, mit ihrer Sprache besonders kritisch umzugehen und peinlich darauf zu achten, welche Wörter sie wählen. Tabu sind Wörter wie etwa »Führer«. So erklärte der Dramatiker Rolf Hochhuth dem Literaturkritiker Hellmuth Karasek, er habe nie den »Führerschein« gemacht, weil darin das Wort »Führer« vorkomme. Und noch im letzten Akt seines Ende 2003 veröffentlichten und Anfang 2004 aufgeführten Stücks *McKinsey kommt* gibt Hochhuth die Regieanweisung: »Auf das Wort »Führer« konnten wir Deutschen nicht einmal bei ›Führerschein‹ … verzichten, als wir nach des Führers Tod die Republik gründeten.«

In seiner Strenge ist Hochhuth sehr deutsch. Er bestimmt als Kritiker die Gebote und Verbote.

Hellmuth Karasek machte sich darüber lustig: »Ich habe ja, obwohl man in meiner Kindheit mit erhobenem Arm ›Heil Hitler‹ grüßte, was damals alles andere als komisch war … trotzdem im Nachkrieg Heilbutt gegessen und Heilkräutertee getrunken.«

Auch recht banal scheinende Wörter unterliegen Tabus.

Wird an deutschen Schulen die Frage von Schuluniformen angesprochen, dann kochen die Gefühle schon allein wegen des Begriffs Uniform hoch. Nein, klüger ist, wer dann von Schulkleidung spricht. In Frankreich, England, Spanien oder wo auch immer sprechen alle von Uniformen, weil Uni-Form ja nur die Einförmigkeit der Kleidung bezeichnet. Aber Uniform ist für die Wahrer der Tabus gleichbedeutend mit Wehrmacht und Verbrechen. Für mich zeigt das ganz deutlich, wie Tabus das Denken behindern.

Die Zeit der Unmenschlichkeit, die mit unserer nationalen Identität verhaftet ist, lässt uns mit Worten behutsam umgehen, aber manchmal – so finde ich – allzu bedächtig. Wir wollen nicht mehr unmenschlich scheinen. Also verdrängen wir Wörter, aber mit den Wörtern auch die Probleme, die diese Wörter schildern.

So haben wir das gesellschaftlich bedeutende Wort »Unterschicht« schon längst aussortiert. Mitte der siebziger Jahre wuchs die Erkenntnis, dass es zwei Dritteln der Gesellschaft gut geht, ein Drittel aber in die Unterschicht abzugleiten drohte. Um den Begriff »Unterschicht« zu vermeiden, bürgerte sich die Bezeichnung »Zweidrittelgesellschaft« ein. Politik und Soziologie nahmen so nur die Wohlstandsbürger wahr und verdrängten damit auch das Problem Unterschicht, das politisch doch bekämpft werden müsste.

Dreißig Jahre später – 2006 – brachte eine neue gesellschaftspolitische Studie die Frage der Unterschicht wieder hervor. Doch hatten wir dieses Wort längst aus unserer Sprache aussortiert, wie wir auch glaubten »soziale Klassen« ein für alle Mal abgeschafft und durch »Lebensstile« ersetzt zu haben. Plötzlich machte der Begriff Unterschicht wieder Karriere und schaffte es in Buchtitel (»Aufstand der Unterschicht«) und sogar in die Schlagzeilen der *Frankfurter Allgemeinen Zeitung*. Früher hätte die politische Linke von »Proletariat« gesprochen, doch da dieses Wort als »politischer Kampfbegriff« auch unter die Tabus fällt, haben unsere schönredenden Politiker flugs den wissenschaftlich genutzten Terminus »Prekariat« aufgegriffen.

Wie kam es zum Streit über die »Unterschicht«?

Der damalige SPD-Vorsitzende Kurt Beck hat das »schmutzige Wort« – so der Kommentator der *Frankfurter Allgemeinen Zeitung* – benutzt, als er ausführte, dass nach einer Studie der SPD-nahen Friedrich-Ebert-Stiftung acht Prozent der Bevölkerung in Deutschland (in Ostdeutschland zwanzig Prozent) in unsicheren Arbeitsverhältnissen leben, in »prekären Lebenslagen«, geprägt von sozialer »Lethargie«. Diese Menschen hätten allen Ehrgeiz verloren und richteten sich nicht mehr nach den Werten der Gesellschaft.

»Unterschicht« – darunter versteht Kurt Beck also eine Gruppe von Menschen, die sich vom gesellschaftlichen Konsens verabschiedet hat, die Regeln nicht mehr einhält und nicht mehr den Willen hat, sich durch eigenes Tun aus ihrer misslichen Lage zu befreien. Sofort erhob ein Klagechor von Politikern aus allen Parteien – auch aus der SPD – sein Wehgeschrei. Es handele sich doch bei der genannten Gruppe nur um »Menschen mit sozialen und Integrationsproblemen«.

Weil ich persönlich Tabus hasse, habe ich zu jener Zeit in einem Fernsehgespräch den ehemaligen Bundeskanzler Gerhard Schröder gefragt, ob er aus der Unterschicht stamme. Er ist ein Barackenkind, die

Familie lebte von Sozialhilfe und Schwarzarbeit der Mutter, Gerhard Schröder konnte nicht auf das Gymnasium, weil das Geld fehlte. Er hat das Wort angenommen und bestätigt: Ja, er sei ein Kind der Unterschicht. Schröder schilderte seine Jugend, fügte aber hinzu: »Ich habe alles getan, um aus der Unterschicht nach oben zu gelangen.«

Das Ansehen der Medien in der Öffentlichkeit

Wir sehen, mit welchen Schwierigkeiten der Journalist zu kämpfen hat, will er aufklären und dem Leser, Hörer oder Zuschauer so viel Wissen vermitteln, damit der sich mittels seines Verstandes und ohne Leitung eines anderen ein Bild machen kann. Das wird jedoch nur gelingen, wenn man dem verantwortungsvollen Journalisten vertraut. Vertrauen ist allerdings ein Phänomen, das nicht auf Vernunft, sondern eher auf dem Glauben gründet, sich auf jemanden verlassen zu können.

Nun hat es sich in letzter Zeit eingebürgert, von einer Vertrauenskrise zu sprechen. Eine Vertrauenskrise in der Politik wie auch eine Vertrauenskrise im Journalismus. Viele Untersuchungen und zahlreiche Umfragen sind in den letzten zehn Jahren erschienen, die sich mit Vertrauen und Skepsis der Bürger gegenüber den Medien beschäftigen.

Eine Untersuchung vom Dezember 2015, die ich für besonders interessant halte, stammt von Professor Dr. Renate Köcher vom Institut für Demoskopie Allensbach. Sie kommt zu der Überzeugung, dass das Grundvertrauen in die Berichterstattung im Allgemeinen groß ist. Zum einen hält die überwältigende Mehrheit das Medienangebot in Deutschland für sehr vielfältig, zum andern beurteilen »mehr als zwei Drittel der Bevölkerung die Berichte des öffentlich-rechtlichen Fernsehens und der Tagespresse als zuverlässig«. Und die Zufriedenheit mit der Berichterstattung ist in den letzten Jahren sogar angestiegen.

Der Vorwurf der »Lügenpresse«, der seit einiger Zeit von populistischen Bewegungen wie Pegida oder AfD erhoben wird, mag ein anderes Bild suggerieren. Verstärkt wird das Misstrauen auch durch das Internet. Einst als das »intelligenteste Kommunikationswerkzeug« gedacht, »das der Menschheit je zur Verfügung stand, wandelt es sich zunehmend in ein Instrument der Irritation, der Desinformation und der Propaganda«, urteilt Mathias Müller von Blumencron, Chefredakteur von *FAZ-online*. Er nennt das Internet eine »Emotionsmaschine«.

Das Internet kann für den, der seine Vernunft walten lässt, eine unerschöpfliche Quelle von Informationen sein. Denn er weiß Müll zu trennen. Müll im Kopf ist für mich auch Umweltverschmutzung. Dem ungeübten Mediennutzer fehlen Journalisten, die ihm Orientierung geben und ihm helfen, den Weg zwischen Realität und Fiktion, Wahrheit und Lüge, wirklich und unwirklich zu finden.

Wenn das Grundvertrauen in die Berichterstattung im Allgemeinen so groß ist, weshalb erhält das Schmähwort von der »Lügenpresse« solch ein Echo? Sicherlich hat es mit dem Hass zu tun, den diejenigen verbreiten, die gegen die »Lügenpresse« hetzen.

Wer ein wenig in die Geschichte des Begriffs »Lügenpresse« zurückschaut, der weiß, dass es immer ein Kampfbegriff von Extremisten war. Mal von links, mal von rechts, mal von Kommunisten, mal von Faschisten. Und dieser Kampfbegriff war immer mit Hass und Gewalt verbunden. So auch in den letzten Jahren.

Ein NPD-Politiker auf einem neonazistischen Musikfestival etwa war mit folgenden Worten zu hören: »Die Redaktionsstuben der Lügenpresse lahmlegen und besetzen – das wird unsere erste Aufgabe sein.«

Inzwischen sind viele Journalisten körperlich angegriffen worden, als sie über Versammlungen der rechten Populisten berichten wollten.

Da ist es Aufgabe des Staates, seine Ordnungskräfte zum Schutz derjenigen einzusetzen, die von Pegida- oder AfD-Demonstranten angegriffen werden. Aber leider versagen die staatlichen Stellen. Und das hat für die Presse dramatische Folgen. So stellte die *Leipziger Internet Zeitung* im Februar 2016 die direkte Berichterstattung von Aufmärschen des Pegida-Ablegers Legida in Leipzig ein, denn – so die Journalisten in einem offenen Brief – sie sähen keine andere Möglichkeit: »Wir, lokale Journalisten in Leipzig, werden zunehmend im Stich gelassen. Unsere Kollegen vor Ort werden bedroht und attackiert.«

Die Verrohung der politischen Auseinandersetzung zeugt nicht nur von Dummheit, sondern schafft in der Gesellschaft ein grundsätzliches Problem. Denn in diesem Hass steckt ein erhebliches Gewaltpotenzial.

Hass und Gewalt zu bekämpfen ist nicht allein die Aufgabe von aufgeklärtem Journalismus, sondern eine Pflicht aller Staatsbürger, die bei aller Toleranz für unterschiedliche Positionen Wert auf ein zivilisiertes Zusammenleben legen sollten.

Praktizierter Journalismus

Als das Rotlicht anging, wusste ich nichts. Auf dem Moderationstisch lagen ein paar Agenturmeldungen. Es war kein Bildschirm in den Tisch eingelassen, auf dem ich Meldungen hätte lesen können. So weit war das Studio von ARD-*aktuell* am 11. September 2001 noch nicht. Auf CNN hatten wir in der Redaktion die Bilder aus New York gesehen. Die Sendemaschinerie lief langsam an. Aus der Regie kamen zunächst weniger Signale als üblich. Was sollte auf die »Schalte« nach Washington folgen?

»Kannst du noch zwei Minuten weiterreden?«

Nein, kann ich nicht. Aber ich musste reden.

Ich war seit halb vier am Nachmittag auf Sendung. Als ich ins Studio ging, wusste ich nichts, bis auf das Wenige, was wir bis dahin auf CNN gesehen hatten: Ein großes Passagierflugzeug war in einen der Türme des World Trade Centers geflogen.

Ein Aufnahmeleiter führte Leute ins Studio und setzte sie rechts neben mich.

So, und wer war das? Ich hatte keine Ahnung. Und

es sagte mir auch keiner. Die Mitarbeiter im Nachrichtenmedium sind in Kommunikation nicht geübt. Ich konnte nicht mal schnell jemanden fragen, weil mein Mikro offen war und der Zuschauer dann meine Fragen mitbekommen würde. Was sollte ich tun? Die Live-Schaltung zu einem Korrespondenten lief, aber ich hörte einfach nicht auf seine Antwort, sondern schrieb einen Zettel und schob ihn meinem unbekannten Sitznachbarn zu: »Wer sind Sie? Und was können Sie sagen?« Aha, Katastrophendienst, aha, Technisches Hilfswerk. Doch während ich den Zettel geschrieben und die Antwort gelesen hatte, war mir entgangen, was der Korrespondent in der Schalte gesagt hatte. Plötzlich hörte der auf zu reden. Jetzt musste ich trotzdem eine Frage stellen, die passte. Und in meinem Ohrwurm, also über den Knopf in meinem Ohr, hörte ich nur: »Kannst du noch zwei Minuten weiterreden?«

Schließlich hat irgendjemand in der NDR-Kantine eine Korrespondentin aufgetrieben, die mal in Washington gearbeitet hat, inzwischen aber in London war. Man setzte sie auf die linke Seite des Moderationstisches. Ich wusste genau, wer sie war, und ich schätzte sie als sehr kompetente Kollegin. Mit ihrem Vater, einem renommierten *FAZ*-Korrespondenten in Washington, hatte ich mal einen Ausflug gemacht, um Decoy-Enten zu kaufen. Aber in diesem Moment fiel mir ihr Name partout nicht ein. Und bevor der mir nicht einfiel, konnte ich sie nicht ansprechen.

Was mache ich jetzt? Was ist nur mit deinem Gedächtnis los?, schimpfe ich innerlich. Ihr kannst du schließlich keinen Zettel mit den Worten hinschieben: »Wer sind Sie? Und was können Sie sagen?« Also redete ich weiter mit dem Architekten, dem Feuerwehrmann, dem Sicherheitsbeauftragten auf der rechten Seite. Irgendwann fiel dann der Groschen.

Inzwischen brachte ständig jemand neue Meldungen. Die sollst du verkünden, während du sie selbst zum ersten Mal liest und verarbeitest. Aber welche Meldungen stimmten? Zweifel stellten sich ein.

Aus meinen Erfahrungen während des Augustputsches gegen Gorbatschow zehn Jahre zuvor wusste ich: Agenturen melden schon einmal schnell irgendeine Sensation, weil sie die Ersten sein wollen, die das Ereignis verbreitet haben. Eine halbe Stunde später ziehen sie die exklusive Falschmeldung still und leise zurück. Aber wenn ich die Nachricht verlesen habe, glauben die Zuschauer sie. Ich erinnere mich ganz genau, wie damals eine Agentur meldete: »Die drei Putschisten fliegen zu Gorbatschow auf der Krim, verfolgt von dem Kampfpiloten Oberst Ruzkoi.« Das las ich damals vor, und wir schalteten sofort zu unserem Korrespondenten Gerd Ruge nach Moskau. Der sagte: »Ich weiß, dass es drei Putschisten gibt und Ruzkoi Kampfflieger ist. Sonst aber nichts.« Richtig. Es stimmte auch nichts. Und ich fühlte mich damals wie ein Blödmann.

Also beschloss ich diesmal: Der Zuschauer soll das Entstehen einer Nachrichtensendung live miterleben. Der Moderator ist auf Meldungen von Agenturen angewiesen, kann sie aber nicht sofort überprüfen. Diese Meldungen, selbst seriöser Agenturen, könnten jedoch falsch sein.

Am Tag des Anschlags in New York waren vier Flugzeuge als Waffen eingesetzt worden. Alle anderen, die auch im amerikanischen Luftraum flogen, mussten landen. »Zwei Maschinen fehlen noch«, meldete CNN. Sind sie in der Hand der Terroristen? Ob das stimmt? Ich stellte es infrage. Eine halbe Stunde später wusste ich: Nein, es stimmt nicht.

Der Chefredakteur fragte nach einer Stunde, ob ich noch eine Stunde weitersenden könne. – Ja.

Nach Ablauf der Stunde fragte er dasselbe noch einmal. Ich beschloss, nur noch sehr wenig zu trinken. Es wurden fast viereinhalb Stunden auf einem unbequemen Hocker. Man konnte nicht eben mal auf die Toilette gehen. Während ich moderierte, hörte ich im Ohrwurm: »Sprich weiter, wir haben noch keine Schaltung nach Berlin, New York, Paris, Moskau, sprich weiter.« Ja, aber was denn, bitte? Also noch mal wiederholen, was schon gesagt wurde.

Jahre später traf ich den ungarischen Autor Péter Esterházy. Ich stellte mich vor. Er sagte: »Ich kenne Sie. Sie haben mir den größten Schrecken meines Lebens eingejagt.«

Was war passiert?

»Ich komme mit dem Flugzeug aus New York«, erzählte er, »fahre in Frankfurt ins Hotel, dusche und komme aus dem Bad. Da läuft im Fernsehen ein bescheuerter Hollywood-Katastrophenfilm. Attacke auf das World Trade Center. Plötzlich kommen Sie ins Bild und sagen, es sei Wirklichkeit.«

Nein, das war es für mich ganz und gar nicht. Alles war unwirklich. In solchen Momenten darf der Zuschauer spüren, dass Unsicherheit darüber besteht, was wirklich wahr ist. Aber der Moderator muss Souveränität ausstrahlen und Ruhe. In der Not und im Sturm ist er der Anker.

Ich sagte mir deshalb: Zeig keine Gefühle. Versuch nicht, dramatisch zu klingen. Die Lage selbst ist so tragisch, dass du die Gefühle nicht auch noch verstärken darfst. Selbst wenn man dir die Betroffenheit ansehen mag.

New York gehört zu meiner Biographie, ich habe

dort drei intensive Jahre verbracht. Die Stadt war mir immer Heimat. Mit all meinen Freunden dort. Doch daran durfte ich jetzt nicht denken.

Ich sah die Bilder im gleichen Augenblick wie die Zuschauer. Es sprangen Menschen aus den Türmen. Sollte ich es ansprechen? Lieber nicht. Dann sagte ich es doch. »Da springen Menschen aus den Fenstern.« Aber den Rest sollte der Zuschauer sich denken.

In seiner Biographie schreibt Bundeskanzler Gerhard Schröder, in diesem Moment habe er geweint, weil er wusste, dass die Menschen vor dem Feuer oben in den Tod unten fliehen. Ich aber hatte Angst, dass ein sensationshungriger Bildregisseur in Großaufnahme zeigt, was von den Körpern unten übrig geblieben ist.

Zwei Wochen später träumte ich, ein Flugzeug stürze rückwärts aus dem Nachthimmel irgendwo neben dem Eiffelturm in die Häuser von Paris.

Über diesen Eiffelturm habe ich meinen ersten Artikel geschrieben. Damals war ich dreizehn oder vierzehn. Wir waren von Heidelberg nach Paris gezogen, wohin es meinen Vater aus beruflichen Gründen verschlagen hatte. In Heidelberg hatte ich jedes Wochenende die Kinderseite der *Rhein-Neckar-Zeitung* gelesen. Dort schrieben »Jungreporter«, und so schickte ich aus Paris einen Text und ein Foto vom Eiffelturm. Es folgten viele weitere Artikel und verwackelte Aufnahmen. Dann sandte ich ein paar Reportagen an die *Rasselbande*, ein vierzehntäglich erscheinendes Jugendheft, das es bis zu einer Auflage von 300 000 brachte. Und auf Wikipedia fand ich jetzt folgenden Eintrag:

»Die *Rasselbande* veröffentlichte auch redaktionell bearbeitete Manuskripte ihrer Leser, wie z. B. 1959 einen Bericht von Ulrich Wickert über nordspanische Fischer, die ihn während eines Urlaubs zu einem nächtlichen Fischfang mitgenommen hatten.«

Da war ich sechzehn Jahre alt.

Von der *Rasselbande* erhielt ich Honorare. Etwa vierzig Mark für einen Text und fünfzig Mark für ein Foto. Ich fand es ungerecht, dass ich für einen Text, der mir sehr viel Mühe bereitet hatte, weniger erhielt als für einen schnell gemachten Schnappschuss. Von den Honoraren der *Rasselbande*-Artikel kaufte ich mir eine Schreibmaschine, ein Heft, in dem stand, wie man mit zehn Fingern tippen lernt, und einen Fotoapparat. Nach einem Monat konnte ich blind auf der Maschine schreiben und fühlte mich als fertiger Reporter.

Es ist trotzdem ein Wunder, dass ich beim Fernsehen gelandet bin. Denn erstens wollte ich nie Journalist werden. Und zweitens habe ich mich bei meinem ersten Vorstellungsgespräch unfassbar dämlich benommen.

Nach dem Abitur hatte ich mich an der Universität Bonn in Rechtswissenschaften eingeschrieben, weil ich Diplomat werden wollte. Als ich mich dann zum Ersten juristischen Staatsexamen am Oberlandesgericht in Köln anmeldete, wollte ich alles, bloß das nicht mehr, und schrieb als letzten Satz in meinen handschriftlichen Lebenslauf: »Mit diesem Examen werde ich meine juristische Karriere beenden.« Das war 1967. Wahrscheinlich habe ich nur wegen dieses Satzes bestanden. Die Richter, Professoren und Rechtsanwälte, die in der Prüfungskommission saßen, werden sich gesagt haben, der schadet uns nicht mehr.

Ich hatte keine Ahnung, wie mein Leben weitergehen sollte. Es beunruhigte mich aber auch nicht. Wir gehörten einer Generation an, die keine Angst hatte. Eines Tages erinnerte ich mich an den elterlichen Freund Gert Kalow, der beim Hessischen Rundfunk das *Abendstudio* leitete. Ihn rief ich an: »Du hast doch zwei Wochenstunden Feature-Programm zu füllen. Kann ich dir nicht was schreiben?«

Er bat um drei Vorschläge und nahm einen an. Thema: Wie Bonn zur Bundeshauptstadt wurde. Ich bat um einige Manuskripte als Muster, setzte mich an die Arbeit, recherchierte ewig lang, gut zwei Monate, und brauchte etwa einen weiteren Monat, bis das Manuskript stand. Dann lief im Sommer 1968 die Sendung »Die Hauptstadt in der Provinz«, und ich erhielt 1500 Mark Honorar. Bisher hatte ich von zu Hause 250 Mark im Monat erhalten und den Rest dazuverdient. Die Miete meiner Bude kostete 120 Mark. Ich fühlte mich wie ein reicher Mann. Es war das erfolgreichste Hörfunkfeature meines Lebens.

Darauf rieten mir zwei Freunde in der Mensa, ich solle zum Fernsehen gehen. Da verdiene man noch mehr. Ja, aber wie kommt man da hin? Na, geh doch zum Fernsehdirektor. Ich erhielt sogar einen Termin. Als ich zu ihm kam, saß er in einem riesigen Büro an seinem Schreibtisch und unterschrieb Papiere in einer Mappe.

Er fragte mich: »Was wollen Sie?«

Ich gab ein bisschen an: »Ich schreibe Features für den Rundfunk und würde gern auch fürs Fernsehen schreiben.«

»Wir machen aber doch Filme!«, antwortete er leicht gereizt.

»Na ja, aber irgendjemand muss doch Ihre Texte schreiben«, warf ich ignorant ein.

»Sie haben keine Ahnung vom Fernsehen!«, sagte der Fernsehdirektor. »Wir stellen auch niemanden fest ein. Aber vielleicht können Sie was lernen. Gehen Sie zu Claus Hinrich Casdorff von *Monitor*, ich sage ihm Bescheid.«

Also rief ich bei *Monitor* an und bekam einen Termin für vier Wochen später beim Redaktionsleiter Claus Hinrich Casdorff. Meine Eröffnungssätze waren schon etwas intelligenter als bei dem Fernsehdirektor. Ich erklärte, dass ich Hörfunkfeatures schrieb, nichts vom Fernsehen verstand und auch beileibe nicht angestellt werden, sondern ein wenig das Fernsehhandwerk erlernen wollte.

Casdorff war milde. Aber auch er wollte niemanden einstellen. Dann erklärte er mir die Sendung, die sehr bedeutend sei, und sagte, er schicke gerade ein Team nach Finnland und ein anderes nach Ägypten.

»Ach, Ägypten kenne ich«, sagte ich ihm, »da bin ich als Student rumgereist.« Das stimmte. Ich war drei Jahre zuvor mit dem Zug nach Piräus gefahren, hatte für dreißig Mark auf dem Deck eines sowjetischen Frachters eine Überfahrt nach Alexandria gekauft, war mit dem Bus und dem Zug bis Assuan gefahren und hatte es dann auf einer überfüllten Barke auf dem Nil bis nach Abu Simbel, letzte Station vor dem Sudan, geschafft, wo gerade die Kolosse des

Memnos wegen des geplanten Stausees von Assuan umgesetzt wurden. Darüber brachte ich sogar einen Artikel in der *Zeit* unter.

»Haben Sie nächste Woche Zeit?«, fragte mich Casdorff zu meiner Überraschung. »Dann könnten Sie mit dem Team nach Kairo fahren. Es ist immer gut, einen Ortskundigen dabei zu haben.«

Zehn Tage später war ich in Kairo. Das Team sollte einen Bericht über einen deutschen Frachter drehen, der im Großen Bittersee, einem Seebecken im Suezkanal, lag. Dort saßen von 1967 bis 1975 vierzehn Frachtschiffe fest, die Ägypter hatten den Suezkanal wegen des Sechstagekrieges geschlossen und tatsächlich erst acht Jahre später wieder geöffnet. Am Ostufer des Suezkanals lagen die israelischen, am Westufer die ägyptischen Truppen.

Sieben Tage mussten wir in Kairo warten, bis wir eine Drehgenehmigung erhielten. Am achten Tag durften wir von einem der beiden deutschen Frachter aus auf dem Großen Bittersee drehen. Es war eine abenteuerliche Fahrt durch die gesicherten ägyptischen Linien. Und wir mussten bei Sonnenuntergang wieder zurückfahren.

Das Team hoffte auf einen zweiten Drehtag. Deshalb schickte mich Redakteur Peter Laudan mit dem Filmmaterial schon einmal nach Hause zurück. Ich nahm ein Flugzeug nach Athen, von dort weiter nach Rom, landete irgendwann in Düsseldorf, fuhr mit dem Bus zum Bahnhof, mit dem Zug nach Köln und ging die wenigen Schritte zum WDR zu Fuß. Claus Hinrich Casdorff saß an seinem Schreibtisch. Ich stellte die große Tüte mit dem Film- und Tonmaterial ab.

Am nächsten Tag kam auch das Team zurück. Und ich hatte großes Glück. Peter Laudan muss ein gutes Wort für mich eingelegt haben, denn Casdorff fragte mich, ob ich in der folgenden Woche mit einem Team nach Brüssel fahren könne. Es sei gut, wenn einer dabei sei, der Französisch spreche. Und wieder hatte ich Glück, denn der Redakteur dieses Teams muss ebenfalls ein gutes Wort für mich eingelegt haben. Claus Hinrich Casdorff machte mir daraufhin das Angebot, als regelmäßiger freier Mitarbeiter einen Schreibtisch in einem Redaktionsbüro zu beziehen. Also: nicht täglich, sondern vielleicht jeweils zwei Wochen vor jeder Sendung. Dafür würde ich eine Pauschale von 1500 Mark erhalten. Das kam mir zupass. So viel Geld hatte ich noch nie in meinem Leben regelmäßig verdient. Und in den freien Wochen könnte ich tun, was ich wollte. Etwa für den Hörfunk schreiben. Oder einfach ausschlafen.

Journalist aber wollte ich immer noch nicht werden.

Ich blieb nur wegen des regelmäßigen Einkommens. Ein richtiger Job würde sich irgendwann noch finden.

Am Anfang war ich in der Redaktion das, was man im Rheinland einen Schlappenschammes nennt. Ich kannte das Handwerk ja auch noch nicht. Wir waren damals bei *Monitor* eine junge Truppe, fast alle mehr oder weniger Dilettanten. Claus Hinrich Casdorff hat uns das Handwerk beigebracht. Und je mehr man von einem Handwerk versteht, desto mehr kann es einen faszinieren. Dass ich Journalist wurde, habe ich diesem Lehrmeister zu verdanken.

Casdorff beherrschte die Kunst des Journalismus mit all ihren Feinheiten. Wenn ein Bericht für die Sendung *Monitor* abgedreht war, schaute er sich den Rohschnitt an und erkannte (leider) sofort die Schwachstellen, die journalistischen wie auch die dramaturgischen. Häufig genug wurden wir dann losgeschickt, um noch »nachzudrehen«. War ein Filmschnitt abgenommen, mussten wir einen Textentwurf schreiben. Casdorff hatte die Maxime ausgegeben: Für eine Minute Filmtext benötigt man zum Schreiben eine Stunde Zeit. Und hatte man den Text endlich fertiggestellt, ging man mit Herzklopfen zu ihm. Er las den Text schweigend durch. Dann legte er ihn zur Seite und sagte: »Dann wollen wir mal texten.« Und er tat, was heute wohl kaum noch jemand auf sich nimmt: Er erarbeitete in zwei, drei, vier Stunden einen neuen Text mit uns. Er rang im Gespräch um jedes Wort, verwarf Formulierungen, suchte mit uns nach besseren und lehrte uns so, richtig zu texten. Es dauerte zwei oder gar drei Jahre, bis Casdorff uns da hatte, wo er uns haben wollte, und in einem Text nur noch einige Worte änderte. Und meist verbesserte.

Für einen Journalisten gibt es nichts Wichtigeres als gute Kontakte. Eine Reihe von Freunden aus der Studienzeit waren als Assistenten oder Referenten in die Politik gegangen, andere in Ministerien oder in das Auswärtige Amt. Manche leiteten die Büros von Ministern. Einer wurde persönlicher Referent von Willy Brandt. Durch sie war ich ständig auf dem Laufenden und habe so viel erfahren, dass ich häufig einen Wissensvorsprung hatte.

Einer, der mir sehr half und den ich nennen kann, weil er heute nicht mehr im Amt ist, war Wolfgang Ischinger, der inzwischen die Münchner Sicherheitskonferenz leitet. Er hat es im diplomatischen Dienst in die wichtigsten Posten als Staatssekretär, als Botschafter in Washington und London gebracht. Während der Dayton-Verhandlungen über die Beendigung des Kriegs in Bosnien war ich als Moderator der *Tagesthemen* stets auf dem neuesten Stand – denn ich rief einfach kurz vor der Sendung direkt bei ihm an. Wolfgang Ischinger saß für Deutschland mit am Verhandlungstisch. Als der Vertrag von Dayton in Paris unterschrieben wurde, sagte er bedrückt: »Damit haben wir den nächsten Konflikt besiegelt: Kosovo.« Er behielt recht. Und ich hatte bei den Friedensverhandlungen zum Kosovo in Rambouillet wieder meinen Informanten. So wusste ich meist, was Sache war, und konnte es in meiner Moderation bei den *Tagesthemen* dem Zuschauer mitteilen.

Nach sieben Jahren verließ ich *Monitor*. Es begann meine Zeit als Auslandskorrespondent. Es waren die schönsten und reichsten Jahre meines journalistischen Lebens. Washington, Paris, New York, zwischendurch einige Abstecher nach China. Auf einem dieser Posten traf ich Hanns Joachim Friedrichs, der mir nicht nur ein guter Freund wurde, sondern mich bei manchen journalistischen Fragen nachdenklich machte und anregte.

Hajo machte einen Bericht darüber, dass es in Harlem und in der Bronx bei Jugendlichen ein Sport war, Radkappen von Autos zu sammeln. Und zwar Radkappen, die während der Fahrt absprangen. Weshalb sprangen sie ab? Wegen der ungeheuren Schlaglöcher. Aber was besagt dieser Sport? Dass die Stadt kein Geld in die Ausbesserung der Straßen von Harlem oder der Bronx steckt, weil sie die dortigen Bewohner gering schätzt.

An ihn dachte ich einige Jahre später, als ich in Paris über die Place de la Concorde ging. Mich begleitete ein Auslandsredakteur des WDR. Er war zu Besuch im Studio, wir hatten in einem Bistro in Saint-Germain gefrühstückt und gingen nun zu Fuß ins Büro. Der Weg führte über die Place de la Concorde. Entsetzt sagte mein Besucher: »Da kommen wir nie rüber!«

»Gemach, gemach!«, beruhigte ich ihn, »du gehst einfach auf meiner linken Seite, die Autos kommen von rechts. Und dann gehst du genauso schnell wie ich, schaust nur nach vorn, den Rest mache ich.«

Der Kollege hatte zwar seine Zweifel, aber schließlich gingen wir auf genau diese Weise über den Platz, den ich häufig zu Fuß überquert habe, weil er auf meinem Weg ins Studio lag. Ich erklärte ihm, dass man nicht auf die Autos achten dürfe, höchstens aus dem Augenwinkel. Kein französischer Autofahrer werde einen Fußgänger umfahren. Der Fußgänger müsse sich nur vorhersehbar verhalten. Also: nicht anhalten, sondern in gleicher Geschwindigkeit nach vorn streben. Dann kann der Autofahrer sich überlegen, ob er es noch vor dem Fußgänger vorbei schafft oder ob er hinter ihm vorbeifährt. Als wir auf der anderen Seite angekommen waren, atmete mein Begleiter erleichtert auf. Und er rief: »Das musst du drehen. Das ist ja genial!«

»Aber das ist doch Alltag. Das langweilt doch die Leute! Ein Fußgänger geht über einen Platz, weiter nichts«, antwortete ich ihm. Doch dann dachte ich an Hajo und seinen Bericht über die Radkappen sammelnden Jungs aus der Bronx. Auch dieser Gang über die Place de la Concorde sagt etwas aus, und zwar über die Psychologie der Franzosen. Es ist nun bald dreißig Jahre her, dass diese Szene gedreht wurde. Aber ich werde immer noch darauf angesprochen. Fünfundzwanzig Jahre nach der ersten Ausstrahlung schrieb Niklas Maak in der *Frankfurter Allgemeinen Zeitung*:

»Diese Performance war natürlich auch eine sehr ernste Liebeserklärung an Frankreich: Wickert legte sein Schicksal in die am Volant ruhenden Hände seiner Gastgeber, weil er davon ausging, dass die Franzosen nicht mit rechtsrheinischem Furor auf ›ihrer‹ Spur beharren und unter Umständen die dort auftauchenden zweibeinigen Hindernisse einfach umnieten – sondern Spuren und Regeln ohnehin eher als fakultative Vorschläge des Staats ansehen, ständig mit Anarchie rechnen und deswegen in der Lage sind, zu improvisieren und flexibel zu reagieren.«

Manch einer hat den Gang nachgemacht, andere haben es sich nicht getraut. Jeder hat allein beim Zuschauen Angst verspürt.

Ein Satz von Hanns Joachim Friedrichs wird heute immer wieder als Handlungsmaxime für Journalisten zitiert, aber ich meine, dass er leicht falsch interpretiert wird: »Einen guten Journalisten erkennt man daran, dass er sich nicht gemein macht mit einer Sache, auch nicht mit einer guten Sache.«

Hanns Joachim Friedrichs hat sich selbst mit vielen guten Sachen gemein gemacht. So trat er öffentlich für Berlin als Hauptstadt ein. Auch ich habe mich immer wieder mit »Sachen« gemein gemacht. Denn ich finde, dass politische Journalisten die Aufgabe haben aufzuklären. So kann schon mit der Auswahl eines Themas für eine Sendung das »Gemeinmachen« beginnen. Ein Beispiel: Durch die tägliche Lektüre von *Le Monde* und *International Herald Tribune* war ich früh auf den drohenden Völkermord in der sudanesischen Provinz Darfur aufmerksam geworden. In der deutschen Öffentlichkeit wurde das

Thema noch nicht wahrgenommen. So schickten wir für die *Tagesthemen* unseren Afrikakorrespondenten nach Darfur und sendeten drei Tage hintereinander je einen Schwerpunkt. Schon nach dem zweiten Tag rief mich der Chefredakteur der *Welt am Sonntag* an und fragte, ob unser Korrespondent nicht auch für seine Zeitung über den Konflikt in Darfur schreiben könne. So wurde das Thema »Völkermord in Darfur« auch in der deutschen Presse ausgiebiger behandelt.

Claus Richter war in den Zeiten von Solidarność Korrespondent der ARD in Polen. Er sagt: »Jeder Journalist, jeder Korrespondent macht sich in jedem Unrechtsstaat mit der Sache der Unterdrückten gemein.«

Ich persönlich verstehe »nicht gemeinmachen« so: Ein guter Journalist verfolgt eine Sache ohne Rücksicht auf eigene Interessen.

Neugier halte ich für eine der wichtigsten journalistischen Tugenden. Sie erweitert unseren Horizont und führt uns im besten Fall zu neuen Erkenntnissen. Manchmal kann auch eine Anregung von außen nutzen. Nachdem ich *Monitor* schon verlassen hatte, sprach mich Dietrich Pinkerneil, der geniale Verleger des Athenäum Verlags, an. Er meinte, bei *Monitor* hätte ich mich doch mit so vielen Verstößen gegen

Anstand und Sitte befasst. Ob ich nicht in einem Buch der Frage nachgehen wolle, was die Menschen zu unethischem Verhalten veranlasse.

Von Ethik hatte ich kaum eine Ahnung. Aber ich fühlte mich als Journalist bestätigt. Hier nahm mich jemand außerhalb der Fernsehwelt ernst. Es wird also auch ein Teil Eitelkeit gewesen sein, die mich veranlasste, ihm zuzusagen. Wann fragt schon ein Verleger, ob man ein Buch schreiben wolle? Meist müht man sich verzweifelt darum, einen Verlag zu finden.

Es fiel mir nicht leicht, dieses Manuskript zu schreiben. Aber ich habe durch die Arbeit daran viel gelernt. 1981 erschien »Freiheit, die ich fürchte. Der Staat entmachtet seine Bürger«. Und bis heute liegt im vorletzten Satz des Buches der für mich wohl wichtigste Gedanke dieser Arbeit: »Erst wenn die Deutschen ihre Werte neu ordnen, werden sie eine andere Wirklichkeit erhalten.«

Die Anregung zu diesem Urteil entnahm ich einem Werk des französischen Soziologen und Pädagogen Émile Durkheim »Erziehung, Moral und Gesellschaft«. Es war seine Antrittsvorlesung an der Sorbonne 1902/03.

Dieses Buch hat mich in die Ethik eingeführt.

Denn anders als die meisten Philosophen, erklärt

der Sozialpädagoge Durkheim sie als praktisches Regelwerk, die in der Gesellschaft per Erziehung verankert wird. Das verstand ich. Und so näherte ich mich dem Thema der Ethik.

Erst nach vierzehn Jahren als Auslandskorrespondent stieß ich wieder auf Durkheims Buch und dessen Thematik. Ich war gebeten worden, einen Festvortrag bei einer Diplomfeier an der Kölner Universität zu halten. Ich wählte als Thema die Bedeutung ethischer Werte für die Gesellschaft. Nach dem Vortrag kamen viele der jungen Diplomanden, die jetzt hinaus ins Arbeitsleben treten würden, zu mir und fragten, ob wir über dieses Thema noch weiter diskutieren könnten. Denn über das Thema »Werte« hätte während des ganzen Studiums niemand geredet.

Wenn das so ist, sagte ich mir, dann darf es uns auch nicht wundern, dass die gesellschaftlichen Regeln so wenig wirken. Als Journalist wollte ich diese Beobachtung vertiefen, und daraus entstand das Buch »Der Ehrliche ist der Dumme. Über den Verlust der Werte«. Kaum war das Buch veröffentlicht, wurde es in der Presse fürchterlich verrissen. Ich wurde zum »Tugendbold« degradiert. Zwei Seiten widmete der *Spiegel* seiner negativen Kritik, woraufhin Egon Bahr mich tröstete: Solch ein Verriss ist die beste Werbung. Das wird ein Bestseller. Wurde es auch. Zwei Jahre lang stand das Buch, das sich bis heute viele Hunderttausend Mal verkauft hat, auf Platz eins der *Spiegel*-Liste.

Von da an erlebte ich dieses Phänomen immer wieder: Die Presse schlägt einen Tenor an, den die Leser keineswegs teilen.

In der deutschen Gesellschaft regt sich in den Zeiten der Flüchtlingskrise wieder eine Sehnsucht nach Wertediskussionen. Was sind unsere Werte? Welche sind die wichtigsten? Werte entstehen und werden immer wieder belebt durch die öffentliche Auseinandersetzung. Daran nehmen die Medien kaum teil. Im Gegenteil, sie verurteilen diejenigen, die es tun. Selbst der Leitartikler in *der Frankfurter Allgemeinen Zeitung* schreibt Anfang März 2016 anlässlich des Drogenfunds bei dem Grünen-Abgeordneten Volker Beck, dass es vermessen sein kann, »Politik vor allem mit Moral betreiben zu wollen. Das macht süchtig, überheblich und selbstgerecht, vor allem überfordert es nicht nur den politischen Gegner, sondern die Grünen selbst.«

Wer Politik als Beruf ausübt (siehe den Aufsatz von Max Weber zu diesem Thema), stellt sich zur Wahl und hat dadurch eine besondere Verantwortung gegenüber der Gesellschaft. Nach Max Weber verfolgt jeder gute Politiker höhere Ziele, die sich an einer gewissen Ethik festmachen lassen. Und er macht den inzwischen klassisch gewordenen Unterschied zwischen der Gesinnungsethik und der Verantwortungsethik, die den Politiker leiten können.

Zwei Jahre nach Erscheinen des Buchs schrieb mir Helmut Schmidt einen Brief. Er habe »Der Ehrliche ist der Dumme« jetzt erst gelesen. Er machte eine abfällige Bemerkung über diesen »reißerischen« Titel, bat mich aber um ein Gespräch. Mein Buch habe ihn angeregt, sich mit der Thematik Politik und Moral zu befassen. Als wir zusammensaßen, wollte er als Erstes wissen, wie das Buch in der Öffentlichkeit angekommen sei. Als ich anfing, von den negativen Kritiken in der Presse zu sprechen, winkte er ab. Das sei unwichtig. Er wollte wissen, wie die Leser reagiert hatten. Was ich ihm sagte, machte ihm Mut. Und ich habe mich dem Thema immer wieder mit weiteren Büchern gewidmet.

Wichtig war mir aber auch, die Bedeutung der Werte – wie etwa die Würde des Menschen – in unserer Arbeit zu verankern. Das konnte manchmal zu heftigen Auseinandersetzungen in der Redaktion führen.

Ein Beispiel aus der Arbeit der *Tagesthemen*: An

einem Samstag war eine Skifahrerin – Ulrike Maier – verunglückt. Die Verunglückte prallte mit dem Kopf gegen einen Pfahl. Sie war sofort tot, und man sah in den Aufnahmen noch den leblosen Körper die Skipiste herunterrutschen.

Der Chef vom Dienst kam am späten Nachmittag zu mir und sagte: »Damit machen wir auf!« Darauf antwortete ich: »Wir sind nicht bei der *Bild*-Zeitung.« Und ich hatte auch nicht ernst genommen, was er sagte. Um halb acht findet bei den *Tagesthemen* die Ablaufkonferenz statt, in der besprochen wird, in welcher Reihenfolge die Beiträge gesendet werden. Ich bin häufig nicht hingegangen, weil ich in der Zeit an meinen Moderationen schrieb.

Der Moderationsredakteur – der für den Moderator die Informationen sammelt – kam aus der Konferenz zurück und sagte: »Wir fangen mit dem Beitrag über den Skiunfall an.« Darauf habe ich ihn gefragt: »Wer war in der Sitzung, wer stand am höchsten in der Hierarchie?« Ein Chefredakteur, wie sich herausstellte, und zu dem bin ich gegangen und habe ihm gesagt: »Diese Sendung moderiere ich aus ethischen Gründen nicht.« Jetzt kam er in eine schwierige Lage. Wie sollte er entscheiden? Wenn ich die Sendung aus ethischen Gründen nicht moderierte, würde es hinterher eine unangenehme Diskussion in der Öffentlichkeit geben. Also habe ich ihm erklärt, wie es meiner Ansicht nach richtig sein könnte. Erstens: Der Beitrag gehöre in den Sportteil der Sendung, also nach hinten. Der Film solle zweitens so geschnitten werden, dass man den toten Körper nicht über die Piste rutschen sieht. Drittens sollten wir zum Thema machen, warum Skifahren immer gefährlicher werde. Aus meiner Sicht, damit es im Fernsehen besser wirkt. Das müsse kritisch herausgearbeitet werden.

Nun ja, kurz vor der Sendung kann man keinen großen Streit anfangen. Der Chefredakteur stimmte meinem Vorschlag zu.

Interessant war, was später passierte. In der Redaktion haben natürlich alle gewusst, dass es Ärger gegeben hatte. Wie löst sich solch ein Konflikt? Alle vermuteten, es würde in der Konferenz am nächsten Morgen ein Hauen und Stechen stattfinden. Doch bevor sich irgendjemand zu Wort meldete, sagte der Chefredakteur: »Ich möchte kurz referieren, was gestern war.« Er erklärte: »Ich habe letzte Nacht darüber nachgedacht: Wickert hatte recht.« Diesen Sinneswandel rechne ich ihm heute noch hoch an, weil die Redaktion in diesem Moment gemerkt hat, dass sie widersprechen und sich auseinandersetzen darf, wenn es um das Thema Menschenwürde geht.

Es ist meiner Meinung nach sehr wichtig, dass diese Frage offen diskutiert wird, weil nicht jeder die ethischen Maßstäbe verinnerlicht hat. Deswegen müssen wir Journalisten die Frage, was geht und was nicht, immer wieder mit allen gemeinsam diskutieren. Das verlangt unsere Verantwortung.

Neugier ist nur eine von mehreren journalistischen Tugenden. Mut gehört auch dazu. Schon in meiner Zeit als Redakteur von *Monitor* stand ich manchmal vor journalistisch schier unlösbaren Problemen.

Manch einer mag sich an den »Fall Brühne« erinnern. Angeblich hatte Vera Brühne zusammen mit Johann Ferbach den Arzt Otto Praun und dessen Geliebte ermordet. Dafür gab es keine überzeugenden Belege. Doch ein Mitbewohner der Gefängniszelle, in der Johann Ferbach saß, erklärte unter Eid, Ferbach habe ihm unter dem Tannenbaum den Mord gestanden. Der Zeuge war allerdings schon einmal wegen Meineids verurteilt worden.

Bei Recherchen über den BND stießen wir auf einen ehemaligen BND-Mitarbeiter, der aussagte, er habe den Arzt Praun noch Tage nach dem angeblichen Mordzeitpunkt gesehen. Um den Fall wieder aufrollen zu können, bezeichneten wir den Kronzeugen in unserem Bericht als »Denunzianten«. Wir wollten erreichen, dass er uns verklagt, um den Fall wieder ins Rollen zu bringen. Er verklagte uns tatsächlich. Das damit befasste Amtsgericht überwies die Klage, so wie wir es erhofft hatten, auch tatsächlich an das ursprüngliche Gericht. Dort wollte man den Fall aber nicht aufrollen. So urteilte schließlich das Amtsgericht, wir hätten den Kläger zwar beleidigt, doch unser »Verschulden« sei als gering anzusehen, da es uns als Journalisten darum gegangen sei, eine neue Diskussion über das »Brühne-Ferbach-Verfahren« anzuregen. Dabei hätten wir uns im »verständlichen journalistischen Eifer … im Ausdruck vergriffen«. Das Gericht stellte das Verfahren ein.

Ein anderes Mal erfuhr ich als *Monitor*-Redakteur direkt aus dem Kieler Landtag, dass ein CDU-Landtagsabgeordneter eine Million Mark erhalten hatte, um für ein bestimmtes Gesetz zu stimmen. Dafür gab es einen Beleg vom Finanzministerium. Aber diesen Beleg wollte mir mein Informant nicht zur Verfügung stellen. Schließlich konnte ich ihn überreden, mir den Beleg wenigstens zu zeigen. Ich kam mit einem Mitarbeiter des WDR-Justiziariats, wir lasen das Dokument und machten uns unerlaubterweise Notizen. Aber ich versprach, mich nicht auf dieses Papier zu berufen.

Schließlich kam mir eine Idee. Ich würde einen Bericht über die Recherche drehen. Darin erklärte ich, was ich erfahren hatte, und auch, dass ich es nicht beweisen konnte. Ich filmte meine Recherche beim Finanzministerium, fing einen Staatsanwalt ab, der mit der Frage befasst war, ob es sich um Korruption handle (nein, weil Abgeordnete laut Gesetzeslage nicht bestochen werden können). Dann bat ich den betroffenen Abgeordneten, einen Bauunternehmer, um ein Interview. Er machte den Fehler, dieses Gespräch zu gewähren. Ich fragte ihn, ob er die Million versteuert habe. Das sei doch alles kalter Kaffee, meinte er, dementierte aber nicht. Der Bericht über die Recherche lief so in *Monitor*. Kaum war der Fall öffentlich, legte der Abgeordnete sein Mandat nieder.

Am schwersten fiel es mir aber, ein Projekt zu verwirklichen, das mir persönlich extrem wichtig war.

Im Sommerurlaub 1976 hatte ich – bestimmt zehn Jahre nach allen anderen – »Der eindimensionale Mensch« von Herbert Marcuse gelesen. Dieses Buch war Kult für die 68er-Bewegung. Seine Utopie ist eine befreite Gesellschaft, die er vernunft- und triebtheoretisch zu begründen sucht. Damals haben mich Marcuses Ideen begeistert. Heute sehe ich sie als das, was sie sind: eine reine Utopie.

Am ersten Tag nach meinem Urlaub lief ich vor dem Filmhaus des WDR in Köln dem Dramaturgen

Martin Wiebel in die Arme und wollte irgendwelche Banalitäten vom Urlaub loswerden, er aber sagte: »Du, ich habe jetzt keine Zeit. Ich muss ins Studio C, dort wird ein Gespräch mit Herbert Marcuse aufgezeichnet.«

Ich vergaß alle Termine und folgte Martin Wiebel ins Studio C.

Wir saßen in der Regie und schauten uns an, wie Marcuse in blauem Hemd zwei fein mit Schlips gekleideten Gesprächspartnern gegenübersaß und die Asche seiner Zigarette in einem Aschenbecher auf dem kahlen Tisch an seiner Seite abklopfte. Damals rauchte man noch im Fernsehen.

Marcuse beantwortete jede Frage präzise, wie gedruckt, und antwortete auf ein Hegelzitat nur: »Ich weiß nicht, was Hegel sich dabei gedacht hat.«

Keiner von uns hätte sich je solch eine Aussage getraut. Bei Marcuse wirkte sie echt. Bei uns hätte man nur verächtlich gesagt, der kennt seinen Hegel nicht.

Und wieder sagte Marcuse einen Satz, der mich wegen seines utopischen Inhalts begeisterte. Er sprach von der realen Möglichkeit »eines Lebens, das nicht mehr als Hauptinhalt lebenslang die entfremdete und entmenschlichte Arbeit hat. Ein Leben, das um des Lebens willen gelebt werden wird und das den Genuss des Lebens erlaubt.«

Damals war mir noch nicht bewusst, dass dieser Aspekt gar nicht utopisch war, sondern dass ich als Journalist bei der ARD tatsächlich nicht »entfremdet und entmenschlicht« arbeitete, sondern ein Leben »um des Lebens willen« führte, die Arbeit mir (meistens) sogar ein Genuss war.

Als das Gespräch zu Ende war, lief ich aus der Regie hinunter ins Studio, stellte mich Herbert Marcuse vor und sagte, ich würde gern einen Dokumentarfilm über ihn drehen. Über sein Leben und sein Werk. Schließlich war Marcuse inzwischen achtundsiebzig Jahre alt, und bisher hatte niemand je einen solchen Film über ihn gedreht. Es würde ein Zeugnis der Zeit sein. Marcuse antwortete sehr freundlich, er werde jetzt im September wieder nach Kalifornien zurückkehren, im kommenden Mai aber wieder in Deutschland sein. Er reichte mir seine Visitenkarte, ich gab ihm meine, und er versprach, sich im kommenden Frühjahr bei mir zu melden.

Im Winter beschäftigte ich mich mit dem Werk Marcuses. Noch wichtiger war es aber, eine Produktionsnummer zu bekommen.

Ohne Produktionsnummer kann man keinen Film drehen.

Das klingt absurd. Doch hinter dieser Nummer versteckt sich Geld: der Produktionsetat. Dieses

Filmporträt von Herbert Marcuse würde sicher sechzig- bis siebzigtausend Mark an direkten Kosten erfordern.

Das Problem mit der Produktionsnummer war unangenehm und schwer zu lösen. Ich ging zu befreundeten Redaktionsleitern, trug ihnen meine Idee vor. Alle fanden das Projekt großartig, ja, phantastisch. Toll, dass Marcuse zugesagt hat. Aber leider war der Produktionsetat bei allen Redaktionen angeblich schon verteilt.

Der wahre Grund für die Absagen war die Angst der Redaktionsleiter. Es war die heiße Phase des RAF-Terrors. In Stammheim lief der Prozess gegen Baader und Ensslin. Im Mai 1976 hatte sich Ulrike Meinhof das Leben genommen. Keiner wollte Marcuse zu nahe kommen. Wurde der in der Presse nicht immer wieder als Vater des Terrors dargestellt?

Es war zum Verzweifeln.

Selbst als ich die Runde noch einmal machte, keine Redaktion wollte mir die begehrte Produktionsnummer geben.

Der Frühling 1977 brach an. Ich las Marcuse.

Der Mai kam. Marcuse rief mich nicht an.

Nur Geduld, sagte ich mir. Es war schon Mitte Mai. Marcuse hatte sich immer noch nicht gemeldet. Na gut, ich hatte ja auch keine Produktionsnummer.

Macht nichts: Marcuse war wichtiger als dieses Aktenzeichen. Ich begann herumzutelefonieren. Keiner wusste etwas. Bis ich auf die Idee kam, Jürgen Habermas in seinem Institut in Starnberg anzurufen. Der gab mir die Telefonnummer von Herbert Marcuse in Berlin. Ich rief also an. Marcuses Frau Ricky hob ab und reichte das Telefon ihrem Mann. Ich erinnerte ihn an unser Gespräch im Studio C des WDR im vergangenen Jahr, erinnerte ihn an meine Idee, einen Dokumentarfilm über sein Leben und sein Werk zu drehen. Er sagte mir – wieder in seiner so freundlichen, ruhigen Art –, ich möge ihm doch einen Brief nach La Jolla schreiben. Im September sei er zurück in Kalifornien, dann würde er den Brief vorfinden und sich bei mir melden. Und dann beendete er das Gespräch äußerst liebenswürdig und hängte ein.

Ich war verzweifelt.

Keine Produktionsnummer.

Kein Marcuse.

Aber ich wollte diesen Film partout drehen. Von wegen »um des Lebens willen« und den Genuss des Lebens.

Da kam mir eine Idee.

Die meisten Bücher von Herbert Marcuse waren in Deutschland unter der Verantwortung von Günther Busch in der edition suhrkamp erschienen. Ihn rief ich an und schilderte ihm einen Teil meines Problems, nämlich dass Marcuse sich mir entziehe. Die Sache mit der Produktionsnummer ging ihn ja nichts an. Das war ein Problem zwischen dem WDR und mir.

Günther Busch reagierte ganz entspannt und pragmatisch. Er sagte: »Kommen Sie am nächsten Mittwoch zu mir nach Hause zum Abendessen. Da ist Marcuse dann auch da.«

Das Abendessen in Frankfurt verlief fröhlich. Neben dem Gastgeber Günther Busch und dem Ehepaar Marcuse waren noch einige Personen aus dem literarischen Leben Frankfurts eingeladen.

Als es am späteren Abend um meine Idee eines Films über Herbert Marcuse ging, sprangen mir alle bei, um den alten Philosophen davon zu überzeugen, dass ich ein ordentlicher Mensch und die Idee, einen Film über ihn zu drehen, hervorragend sei.

Schließlich sagte Herbert Marcuse zu mir: »Können Sie nicht ein Drehbuch schreiben, damit ich weiß, worauf ich mich einlasse?«

»Nein«, antwortete ich, »bei Dokumentationen kann man vorher kein Drehbuch schreiben. Man dreht, was geschieht. Aber ich schreibe Ihnen ein Drehbuch, wenn Sie mir dann aufschreiben, wie der ›Neue Mensch‹, von dem Sie sprechen, aussehen wird.«

»Das mache ich!«, sagte Marcuse, der stets betont hatte, man könne den »Neuen Menschen« nicht beschreiben, da er sich in der »Neuen Gesellschaft« von selbst entwickeln würde.

Schließlich stimmte er dem Dreh zu. Er stellte nur eine Bedingung: Ich müsse eine Flasche Johnny Walker Black Label mitbringen.

Ich war glücklich und fuhr mit einem Hochgefühl nach Hause.

Jetzt galt es, das wahre Problem zu lösen: die Produktionsnummer. Es schien mir jetzt, wo ich die Zusage Marcuses hatte, ein nebensächliches Problem. Mein Lebensmotto hieß und heißt immer noch: Wo ein Wille ist, ist auch ein Weg. Deshalb haben mir bürokratische Hürden nie wirklich Sorgen gemacht. Sie sind da, um überwunden zu werden. Und wieder einmal hatte ich Glück. Im WDR wurden Redaktionen umstrukturiert, und ich wurde in die Auslandsabteilung versetzt. Ich sollte für eine kurze Zeit als Korrespondent an das Studio Washington, dann an das Studio New York wechseln, mit der Aussicht, schließlich nach Paris zu gehen.

Im September 1977 landete ich in Washington. Die erste Dienstreise, die ich eine Woche später unternahm, ging nach Los Angeles, von dort nach San Diego. Ich war Samstag früh um 10 Uhr mit Herbert Marcuse verabredet. Er selbst öffnete mir die Tür zu seinem Bungalow. Und wie versprochen, stellte ich ihm eine Ein-Liter-Flasche Johnny Walker Black Label auf den Tisch. Das schuf gute Laune.

Im Oktober würde Marcuse für einige Tage an die Ostküste fahren und dort an einer kleinen Universität Vorträge halten, Gruppengespräche führen und Seminare veranstalten. Da könnten wir ihn zusammen mit Studenten filmen. Welche Universität es sei, fragte ich. Ach, die werden Sie nicht kennen, antwortete Marcuse, Wesleyan University. »Die kenne ich gut«, erklärte ich ihm. Dort hatte ich ein Jahr lang mit einem Fulbright-Stipendium studiert.

Die Dreharbeiten mit ausführlichen Interviews zu seinem Werk verabredeten wir für Dezember in La Jolla. Dann würde es in Kalifornien angenehm warm sein. An das Wetter sollte man bei Dreharbeiten immer denken.

Ich flog zurück nach Washington, verkündete dem Kamerateam die Termine für die Dreharbeiten und reichte beim Buchhalter des Studios meine Reisekostenabrechnung ein. Jetzt hatte ich auf Kosten des Studios schon mehr als vierhundert Dollar für den Flug und das Hotel ausgegeben. Um die verbuchen zu können, benötigte man eine Produktionsnummer.

Als mich der Buchhalter nach der Produktionsnummer fragte, sagte ich ihm: »Ach, beim WDR finden alle das Projekt großartig. Die haben wahrscheinlich vergessen, die Produktionsnummer zu schicken.«

Der Buchhalter tat, was ein Buchhalter tun muss. Er telefonierte verzweifelt mit dem WDR, denn ich hatte Geld ausgegeben, und das Problem musste gelöst werden. Ohne Produktionsnummer war nichts zu machen. Schließlich erbarmte sich Theo M. Loch, der Fernseh-Chefredakteur, und sagte zu, die Produktion aus seinem Topf für Sonderprojekte zu finanzieren.

Das habe ich ihm hoch angerechnet.

Mein Motto hatte sich bewährt: Wo ein Wille ist, da ist tatsächlich auch ein Weg.

Marcuse hatte zugestimmt.

Die Produktionsnummer war da. Wir konnten drehen.

Einen kleinen Nachtrag will ich anfügen. Als ich den Film fertig geschnitten hatte, fuhr ich noch vor der Sprachaufnahme – es hätte also noch die Chance bestanden, etwas zu korrigieren – zu Jürgen Habermas nach Starnberg. In Deutschland kennt wohl niemand das Werk von Marcuse besser als er. Ich fragte Habermas, ob es irgendwo bei Marcuse eine Stelle gebe, wo er den Terror verteidige. Nein, sagte mir Habermas nach einem Moment des Überlegens, solch eine Textstelle gebe es seiner Kenntnis nach nicht.

Ein Jahr nach der Ausstrahlung des Films ist Herbert Marcuse während eines Besuchs bei seinem Freund Jürgen Habermas in Starnberg gestorben. Zu später Stunde strahlte die ARD meinen Film als Nachruf noch einmal aus.

Journalisten haben immer recht. Das ist allerdings keine journalistische Tugend, sondern eine Berufskrankheit.

Ich weiß nicht, wer von den Medien mehr niedergemacht wird, Fußballer, Schiedsrichter oder Politiker.

Vor einiger Zeit stellte mir jemand eine dieser typisch pauschalen Journalistenfragen: »Bei wem müssten Sie sich entschuldigen?« Natürlich fiel mir niemand ein. Ich hatte doch immer recht gehabt. Doch die Frage wirkte nach. Musste ich mich wirklich bei niemandem entschuldigen? Ich muss zu meiner Schande zugeben: Ohne die Frage wäre ich wahrscheinlich nicht drauf gekommen.

Damit ich an der Hochschule Magdeburg/Stendhal unterrichten konnte, ernannte mich der Kultusminister von Sachsen-Anhalt zum Honorarprofessor. In einem Seminar zum Thema Interview zeigte ich den Studenten die Aufzeichnung zweier Gespräche. Im *heute journal* interviewte Klaus-Peter Siegloch den damals neuen Daimlerchef Dieter Zetsche. Anderthalb Stunden später befragte ich Zetsche in den *Tagesthemen*. Anlass war die am Tag darauf eröffnende Frankfurter Automesse. Ich wollte den Studenten zeigen, wie seicht und freundlich Siegloch mit dem Mann umging, den ich kurz darauf grillte. Die Reaktion der Teilnehmer des Seminars entsprach allerdings nicht meinen Erwartungen. Sie fanden mich unnötig aggressiv. Mein Ton sei unangemessen gewesen, und dadurch habe der Zuschauer auch keinen inhaltlichen Gewinn erhalten. Sie hatten recht.

Zetsche wollte die neue S-Klasse vorstellen, und ich fragte, weshalb Mercedes mehr Autos als Toyota zurückrufen musste, weshalb Audi und BMW inzwischen besser als die Stuttgarter dastanden. Ich fand mich hinterher großartig.

Zugegeben, ich hatte mich darüber geärgert, dass

Zetsche nur anderthalb Stunden vor den *Tagesthemen* beim *heute journal* aufgetreten und dort in meinen Augen zu mild behandelt worden war.

Was hatte mich zu meiner unnötig aggressiven Haltung veranlasst? Wahrscheinlich gekränkte Eitelkeit. Und ich fürchte, dass so manch ein Kollege aus ähnlichen Motiven »Fußballer, Schiedsrichter oder Politiker« ungerecht behandelt. Aus Eitelkeit. Der Journalist hat schließlich immer recht.

Bei einem Abendessen zu Ehren von Dieter Zetsche, an dem einige Chefredakteure teilnahmen, habe ich in der Tischrede die Frage erwähnt, die mir gestellt worden war: »Bei wem müssten Sie sich entschuldigen?« Und ich gestand, dass ich es jetzt wüsste, entschuldigte mich bei Dieter Zetsche und schilderte, was mich seinerzeit angetrieben hatte.

Das Interview mit Dieter Zetsche war damals live geführt worden, und live gibt es für den Befragten kein Ausweichen, keine Möglichkeit, Antworten nachträglich zu korrigieren.

Live ist am besten. Da weiß jeder, woran er ist, der Befragte und der Journalist. Live habe ich allerdings auch meine größte Niederlage erfahren, als ich Regine Hildebrandt, der engagierten Sozialministerin von Brandenburg, eine kurze Frage in den *Tages-*

themen stellte. Sie antwortete sechs Minuten lang mit solcher Verve, ohne Punkt und Komma, dass ich nicht dazwischenkam. Da hatte ich wohl die falsche Frage gestellt. Vier Minuten waren für das gesamte Gespräch vorgesehen!

Ein live geführtes Interview in den elektronischen Medien braucht nicht autorisiert zu werden; denn es ist ja sichtlich authentisch. Es verlangt von dem Befragten zwar eine besondere Konzentration darauf, was er sagen will und was nicht, aber auch der Journalist muss gut vorbereitet sein, will er sich nicht blamieren. Denn geht er von falschen Voraussetzungen in einer Frage aus, dann kann er sich nicht mehr korrigieren.

Ein Vorteil von Live-Interviews liegt für Journalisten außerdem darin, dass – nehmen wir an, der Befragte ist ein Politiker – dieser reagieren muss. Egal wie. Und seine Reaktion verrät dann einiges über ihn.

Bundeskanzler Gerhard Schröder war nach einem Jahr Amtszeit 1999 auf dem Tiefpunkt der Zustimmung angekommen. In den *Tagesthemen* fragte ich ihn: »Haben Sie als Parteivorsitzender versagt?« Er nahm die Kritik auf, obwohl er sagte: »Versagen ist vielleicht ein zu hartes Wort, aber …« Seine Antwort hätte ich auch in einem schriftlich bearbeiteten Interview stehen lassen.

Angela Merkel dagegen beherrscht die Kunst, eine Frage nicht zu beantworten. Deshalb sagte ich einmal zu ihr: »Sie haben meine Frage jetzt aber nicht beantwortet.« Sie antwortete lakonisch: »Ja.« Und schwieg. Nun lag der Ball wieder in meinem Feld. So kann's gehen. Das wirkt dann wie eine Watsche. Falsch gefragt, Herr Wickert! Vielleicht hätte ich dieses für mich peinliche Geplänkel in ein gedrucktes Interview gar nicht aufgenommen.

Nicht alle Gespräche in den elektronischen Medien lassen sich live führen. Sie werden aufgezeichnet. Und dann besteht die Möglichkeit des Schnitts. Ein Schnitt sollte eigentlich nur mit der Zustimmung des Befragten gemacht werden. Manchmal bittet der Politiker sogar darum.

Der ehemalige bayerische Ministerpräsident Max Streibl, so wusste man in Fachkreisen, sei besser vor 19 Uhr zu interviewen, später schlüge, milde gesagt, seine Feierabendlaune durch.

Als Bundespräsident Richard von Weizsäcker in Zeiten zunehmender rechter Gewalttaten einst zu einer Großdemonstration in Berlin aufrief und sogar Bundeskanzler Helmut Kohl seine Teilnahme zusagte, wurden beide vom bayerischen Ministerpräsidenten Streibl heftig kritisiert. Die *Tagesthemen* baten Streibl deshalb zu einem Interview. Als ich ihn dann bei der Aufzeichnung fragte, weshalb er sich gegen diese Demonstration ausspreche, obwohl doch Präsident und Kanzler daran teilnehmen würden, antwortete Streibl, es gäbe ein schlechtes Bild ab, wenn sie schreiend durch die Straßen zögen. »Wie?«, fragte ich erstaunt nach, »wenn Bundespräsident und Bundeskanzler schreiend durch die Straßen liefen?« Streibl hatte sich, wohl nicht mehr ganz nüchtern, vergaloppiert.

Er bat, diese Passage zu schneiden. In dem Moment haben wir bedauert, nicht live gesendet zu haben. Aber natürlich haben wir das rausgenommen, denn es ist das Recht eines Politikers, sich zu versprechen und den Schnitt, so er möglich ist, zu beanspruchen.

Nun habe ich nicht nur Interviews geführt, sondern bin auch häufig selbst befragt worden. Und auf der anderen Seite stehend, habe ich so manches Mal mein Gegenüber verflucht. »Herr Wickert, Sie haben jetzt auch ein Buch geschrieben (mein zehntes), worum geht es denn darin?« Den Titel konnte der Kollege nicht korrekt nennen. Nach dem Motto: Ich will mal ganz unbefangen fragen, deshalb habe ich mich nicht vorbereitet.

Und genau diese völlig uninformierten Journalisten erleben Politiker in Berlin jeden Tag, wenn sie durch das Spalier der Mikrophone und Kameras gehen.

Da erinnere ich mich an die peinliche Situation, als Paul Spiegel, von 2000 bis 2006 Präsident des Zentralrates der Juden, nach einem rechtsradikalen Anschlag zur Synagoge in Düsseldorf kommt und eine junge Journalistin eines Privatsenders ihn anspricht: »Herr Pfarrer Spiegel …«

Ein leitender Redakteur einer jungen deutschen Wochenzeitschrift bat mich letztens um ein Interview. Ich erhielt das Gespräch zum Autorisieren, änderte die eine oder andere Antwort, um sie unterhaltsamer, griffiger zu formulieren. Mir gefiel das Endprodukt. Davon erschienen aber nur wenige Zeilen, und mein Gestammel wirkte so armselig, dass ich es nie freigegeben hätte. Pardon, so der Kollege hinterher, er hätte nicht gewusst, dass mein ausführliches Gespräch für die Rubrik mit nur drei Fragen geplant war. Deshalb hätte er das Interview zusammenstreichen müssen.

Ähnlich kann es gehen, wenn ein Fernsehteam ein halbstündiges Gespräch aufnimmt, von dem nachher dreißig Sekunden gesendet werden. Da möchte ich vorher wissen, in welchem Zusammenhang der eigene Satz stehen wird, aber meist wird einem die Chance dazu nicht gegeben.

Es wundert mich also nicht, wenn Befragte – ob Politiker und Banker, Schauspieler oder Autoren – auf der nachträglichen Genehmigung eines Interviews bestehen. Denn vermutlich wurden sie in ein stundenlanges Gespräch verwickelt. Und was sagt man da nicht so alles! Dann setzt sich der Journalist in der Redaktion hin und »baut« aus dem, was er von seinem Aufnahmegerät abgeschrieben hat, nach dramaturgischen Gesichtspunkten ein Gespräch, das in dieser Form nie geführt worden ist.

Ich selber habe erlebt, dass in einem mir zur Genehmigung vorgelegten Text plötzlich Fragen standen, die mein Gegenüber nie gestellt hatte, die aber jetzt ganz kritisch oder witzig klangen. Und als Antwort hatte der Interviewer auf die nie gestellten Fragen einige Sätze aus dem Gespräch eingefügt, die nur ungefähr zu seinen in der Redaktion ausgetüftelten Fragen passten.

Wer sich über autorisierte Interviews beklagt, der braucht sie ja nicht führen. Oder er bietet Waffengleichheit an: Das volle Interview wird »wie live« aufgenommen und dann so gedruckt. Mit allen Fragen und Antworten, eins zu eins. Das geht, wirkt aber manchmal sehr viel langweiliger als ein bearbeiteter und »genehmigter« Text. Aber so zu tun, als drohe durch die Bitte um Genehmigung das Ende der Meinungsfreiheit, empfinde ich als weinerlich. Schließlich hat zu diesem Zustand die Verlotterung der Sitten unter Journalisten selbst beigetragen.

Journalisten haben zwar immer recht, aber sie geben sich in der letzten Zeit zunehmend verunsichert wegen der steigenden Kritik durch die Mediennutzer. Nicht alle Kritik ist unberechtigt. Lassen wir Hass-Mails oder rechtsradikale Spinner beiseite, aber vielleicht sollten Journalisten doch einmal darauf achten, was die Leser, Hörer, Zuschauer ihnen im normalen Alltag mitteilen.

Ich ließ mir vernünftig lautende Zuschauerpost immer vorlegen. Zwei Zuschauerbriefe haben sogar mein Verhalten beeinflusst.

Als Redakteur bei *Monitor* erhielt ich den mahnenden Hinweis einer Zuschauerin: über siebzig Fremdwörter seien in der vergangenen Sendung gefallen. Sie merkte an, dass vermutlich viele der Zuschauer damit überfordert seien. Ich habe mir die Mahnung zu Herzen genommen und seitdem, zumindest im Fernsehen, auf Fremdwörter verzichtet. Beim gedruckten Text kann der Leser nachschlagen, aber der Fernsehtext rauscht vorbei, und versteht der Zuschauer ein Wort nicht, fehlt ihm vielleicht bald der Zusammenhang. So habe ich auf den Begriff »Holocaust« verzichtet, sondern stattdessen von »Judenvernichtung« gesprochen. Jemand wandte ein, das klinge nach Ungezieferververnichtung. Ja, antwortete ich, so unmenschlich war es ja wohl auch. »Holocaust« fand seinen Weg in den deutschen Sprachschatz erst mit der Ausstrahlung der US-Fernsehserie *Holocaust* in der ARD Ende der siebziger Jahre. Als ich einmal, vielleicht ein wenig pedantisch, »Holocaust« in einer Moderation verwendete und die Herkunft des Begriffs und seine Bedeutung in der Bibel erklärte, sagte mir der im Studio anwesende Nachrichtensprecher hinterher, jetzt wisse er endlich, was »Holocaust« heiße.

Auch »Sanktionen« fanden bei mir nicht mehr statt. Etwa Sanktionen des Weltsicherheitsrates. Ich benutze seitdem den deutschen Ausdruck »Strafmaßnahmen«. Jedes Kind weiß, was eine Strafe ist. Aber gegen welches Kind wurden schon einmal Sanktionen verhängt? Manchmal lässt sich ein Fremdwort nur durch einen Halbsatz ersetzen, aber das lohnt sich wegen des besseren Verständnisses.

Ich habe festgestellt, dass die deutschen Wörter stärker sind als Fremdwörter. Das kann dann manchmal auch sehr politisch werden. Als zum Beispiel 1998 die rot-grüne Regierung an die Macht kam, beschloss sie, das Staatsbürgerrecht zu ändern und sich vom *ius sanguinis* zu verabschieden. Ich habe in den *Tagesthemen* aber nicht *ius sanguinis,* sondern »Blutrecht« gesagt. Das ist die direkte Übersetzung. Aber Blutrecht erinnert viele unwillkürlich an die Ideologie der Nationalsozialisten. Nun heißt es Blutrecht, und ich habe dieses Wort – sehr zum Unwillen der CDU-Vertreter in den NDR-Gremien – bewusst benutzt, damit klar wird, was hinter dem Gedanken des alten Staatsbürgerschaftrechts steckt.

Mit dem genauen Umgang mit Wörtern spielte ich dann auch in einer meiner Abmoderationen vor dem Wetter:

»Im Umgang mit Wörtern sind manche Leute genauso ungenau wie im Umgang mit Giften. Doch bei den Wörtern sind sie besonders dann ungenau, wenn sie mit den Giften nicht sorgsam genug umgegangen sind. Nach einem Chemieunfall bei Hoechst hieß es, die ausgetretenen Schadstoffe seien minder giftig.

Wie das schon klingt!

›Minder giftig‹ ist Beamtendeutsch und heißt wahrscheinlich: weniger giftig. Aber dann stellte sich heraus, dass die Firma Hoechst sich auch in der Wahl des Wortes getäuscht hat. ›Minder giftig‹ ist nämlich auch giftig, und wie sich ergab, waren die ausgetretenen Chemikalien so giftig, dass sie als krebserregend gelten. Aber vielleicht nur *minder krebserregend?«*

Die Klage eines Zuschauers hatte sogar einen wesentlichen Einfluss auf die *Tagesthemen*-Moderation. Die ARD hatte die »Nachtlücke« geschlossen, nun wurde rund um die Uhr gesendet.

»Niemand sagt uns jetzt mehr ›Gute Nacht‹!«, schrieb mir der Zuschauer. Was der Schreiber bedauert, sagte ich mir, bedauern sicher auch andere. Und ich überlegte, wie ich darauf eingehen könnte. Die Zuschauer am Ende der Sendung in eine »gute Nacht« zu verabschieden, verbot sich schon allein deshalb, weil nach den *Tagesthemen* ja noch andere Sendungen folgten.

Der Wunsch nach einem »angenehmen Abend« ist unverfänglich, dachte ich. Aber dann? »Und eine gute Nacht«? Nach all den Berichten über Hunger, Not, Krieg? Das wirkt womöglich wie: »Nehmt es nicht so schwer, ist alles halb so schlimm.«

Ich schaute in das eine oder andere Wörterbuch, in Synonym- und Herkunftslexika, bis ich am Wörtchen »geruhsam« hängen blieb. Das klang nach Postkutschenzeit und schien mir den Nagel auf den Kopf zu treffen.

So regte mich der Brief eines Zuschauers zu einem wohl legendär gewordenen Abschiedsgruß an:

»Ich wünsche Ihnen noch einen angenehmen Abend und eine geruhsame Nacht!«

Literaturverzeichnis

Durkheim, Émile, *Erziehung, Moral und Gesellschaft. Vorlesung an der Sorbonne 1902/1903*. Suhrkamp, Berlin 1984.

Höffe, Otfried, *Ist die Demokratie zukunftsfähig? Über moderne Politik*. C. H. Beck, München 2009.

ders. *Kritik der Freiheit. Das Grundproblem der Moderne*. C. H. Beck, München 2015

Jonas, Hans, *Das Prinzip der Verantwortung. Versuch einer Ethik für die technologische Zivilisation*. Suhrkamp, Berlin 2003.

Kant, Immanuel, *Werkausgabe in 12 Bänden*. Hrsg. von Wilhelm Weischedel. Suhrkamp, Frankfurt am Main 1977.

Popitz, Heinrich, *Phänomene der Macht: Autorität – Herrschaft – Gewalt – Technik*. Mohr Siebeck, Tübingen 2004.

Sontag, Susan, *Das Leiden anderer betrachten*. Hanser, München 2003.

Weber, Max, *Politik als Beruf*. Anaconda, Köln 2014.

Wickert, Ulrich, *Der Ehrliche ist der Dumme. Über den Verlust der Werte*. Hoffmann und Campe, Hamburg 2013.

Wickert, Ulrich, *Freiheit, die ich fürchte. Der Staat entmachtet seine Bürger*. Athenäum, Königstein im Taunus 1981.

Wickert, Ulrich, *Neugier und Übermut. Von Menschen, die ich traf*. Hoffmann und Campe, Hamburg 2012.

Der Autor

Ulrich Wickert, geboren 1942, ist einer der bekanntesten Journalisten Deutschlands. Er war als Korrespondent in den USA und Frankreich tätig, außerdem langjähriger Anchorman der *Tagesthemen*. Er lebt in Hamburg und Südfrankreich, wo er neben Kriminalromanen auch politische Sachbücher schreibt. Zu seinen zahlreichen Veröffentlichungen zählen unter anderem die Bestseller *Vom Glück, Franzose zu sein*, *Gauner muss man Gauner nennen* und *Der Ehrliche ist der Dumme*. In seiner erfolgreichen Krimiserie um den Richter Jacques Ricou erschien zuletzt *Das Schloss in der Normandie* (Hoffmann und Campe 2015).